Logical Thinking
Lateral Thinking
Visualization
Numerical Thinking
Language Capability
Mind-Body Correlation
Serendipity

勝間和代の
ビジネス頭を創る7つのフレームワーク力
ビジネス思考法の基本と実践

勝間和代

Discover

はじめに

この本の目的は、「ビジネス頭」をつくる、すなわち「ビジネス思考力」を身につけることです。では、ビジネス思考力（＝ビジネス頭）とは何でしょうか？

私は、**「ビジネスを遂行するうえで、日常的に役に立つ、他の人より一歩先を行くために必要な基礎的なものの考え方」**と定義しています。

将棋にたとえると、先人の定跡集のようなもの。パソコンでいえば、ＯＳにあたります。

いわば、ビジネスパーソンが、日常的な情報の収集分析から、新しい製品のアイデアの考案、さまざまな問題解決まで、業務上の判断を行う際に、**知っていると楽になる、ものの基本的な考え方や発想のしかたのテクニックの集まり**です。

これらのテクニックは、知ってみればとても簡単、でも知らないと意外と難しいという「目から鱗」的なものが多いのが特徴です。たとえば、**「空・雨・傘」**のフレームワーク（「空」という事実を見たら、「雨」が降ってきそうだと判断して、「傘」を持っていこうという行動を決めること）などはその典型でしょう。

ところが、多くのテクニックは、人づてに話を聞くか自分で体験して学ぶことでしか得られないものが大半で、正直、なかなか効率的に学ぶことができません。そういったテクニックを得るために書店で本を探しても、極端に難しい専門的なものか、もうすでにわかっている易しいものという両極端のものしかありません。

このため、できる限り、「一見とっつきにくく、難しいことでも、わかりやすく」をモットーに、読み終わったときに、読者の方が「あーーー、明日からこう考えればいいのだ」など、「なるほど」という気持ちになれる本があったら、と思ってつくってみたのがこの本です。

したがって、読者の方に目新しいコンセプトはないかもしれません。すでにやっていることが多いと感じるかもしれません。けれども、ぜひお願いしたいのは、この本を読んで、「やり方はわかる」から「武器として使いこなせる」に変身してもらうことです。

私は幸いなことに、アーサー・アンダーセン、JPモルガン、マッキンゼーといった「ビジネス思考力」が武器である企業に長年勤めてきたため、会社主催のトレーニングやOJTなど、さまざまな機会からこういった思考のテクニックを学ぶことができました。

また、会社を辞めて独立した今も、情報を手に入れて、そこから思考を繰り返し、株式レポートや書籍などのアウトプットをつくるという、いわばビジネス思考力を主力にした生活を毎日送っているため、日々の中でもいろいろと新しい学びがあります。

たとえば、私が自分の著書を漏らさずに十万〜三十万部のベストセラーである「勝間本」にする手法として有名になった**「『はてブ』トルネード」**（＝ウェブ上で書評のブログを自己増殖させて、そのはてなブックマークを増やすことにより、さらに書評を増やし、アマゾンの売上高を上げて、リアル書店に波及させる仕組み）なども、はじめからわかっていたわけではありません。

二〇〇七年四月に『無理なく続けられる年収10倍アップ勉強法』を出してから、さまざまな情報を手に入れて、フィードバックを得ながら、経験則の中で編み出していった手法です。そういった新しい手法を編み出せたのも、「ビジネス思考力」の足腰があったからだと思っています。

もちろん、私もこのような思考法を新卒の頃からすぐにできるようになったわけではありません。もう有名になったTOEIC420点をはじめとして、新卒当初はあらゆる方に迷惑をかけ、そしてお世話になり、鍛えられてきた毎日でした。逆にだからこそ、今、私の思考のプロセスがどのようなものであり、読者のみなさんが何を身につければ同じことができるようになるのか、自分の学びのプロセスを振り返りながら、ある程度、再現性ある方法として、この本でまとめていけるのではないかと思います。

なお、この本とこれまでの私の著書との違いは、以下のとおりです。

●『無理なく続けられる年収10倍アップ勉強法』では、学ぶ方法と、具体的なアウトプットが中心でしたが、今回の本は、その中間の考え方のプロセスに重きを置いています。

●『効率が10倍アップする新・知的生産術～自分をグーグル化する方法』では、ITを活用した情報処理を中心としていましたが、今回はITに頼らず、自分の頭で考える部分を特に掘り下げています。

ですので、この本単独でも楽しめますし、ほかの本を読んでくださった方にも満足していただけるよう、構成したつもりです。

ところで、本書を出すときに、これまでと同じ「○○10倍アップ～」という題名をつけて、同じような装丁や文字にすることも可能でした。それであれば、一定の冊数は見込めたと思います。しかし、それでは私たち作り手が学べないのです。そのため、あえて本書は異なったタイトル、異なった装丁で、チャレンジしてみました。

仮に、新しい試みがうまくいかなかったとしても、その結果を見ることで、また新しい学びを得ることができます。これもビジネス思考力の発揮のひとつになります。

すなわち、**ビジネス思考力を鍛えるもっとも重要な点は、実践による仮説策定→実行→検証のプロセス**です。

それでは、本題に入っていきましょう。この本を読み終わったときに、「よし、これからこのやり方を取り入れよう」という勇気や希望を持っていただければと願っています。

ぜひ、感想や要望を、これからも引き続き、ブログやメール、Amazonやmixiの書評でいただけると幸いです。そのような感想を土台として、これからも読者のみなさんとごいっしょに力をつけながら、成長していきたいと思っています。

二〇〇八年五月

勝間和代

勝間和代のビジネス頭を創る7つのフレームワーク力◎**目次**

第2章　ビジネス思考の基礎となる7+1の力

第3章　一つめの力　論理思考力　Logical Thinking

第4章　二つめの力　水平思考力　Lateral Thinking

第5章 三つめの力 視覚化力 Visualization

第6章 四つめの力 数字力 Numerical Thinking

第7章 五つめの力 言語力 Language Capability

第8章　六つめの力　知的体力　Mind-Body Correlation

第9章　七つめの力　偶然力　Serendipity

第1章
「ビジネス思考力」を定義する！

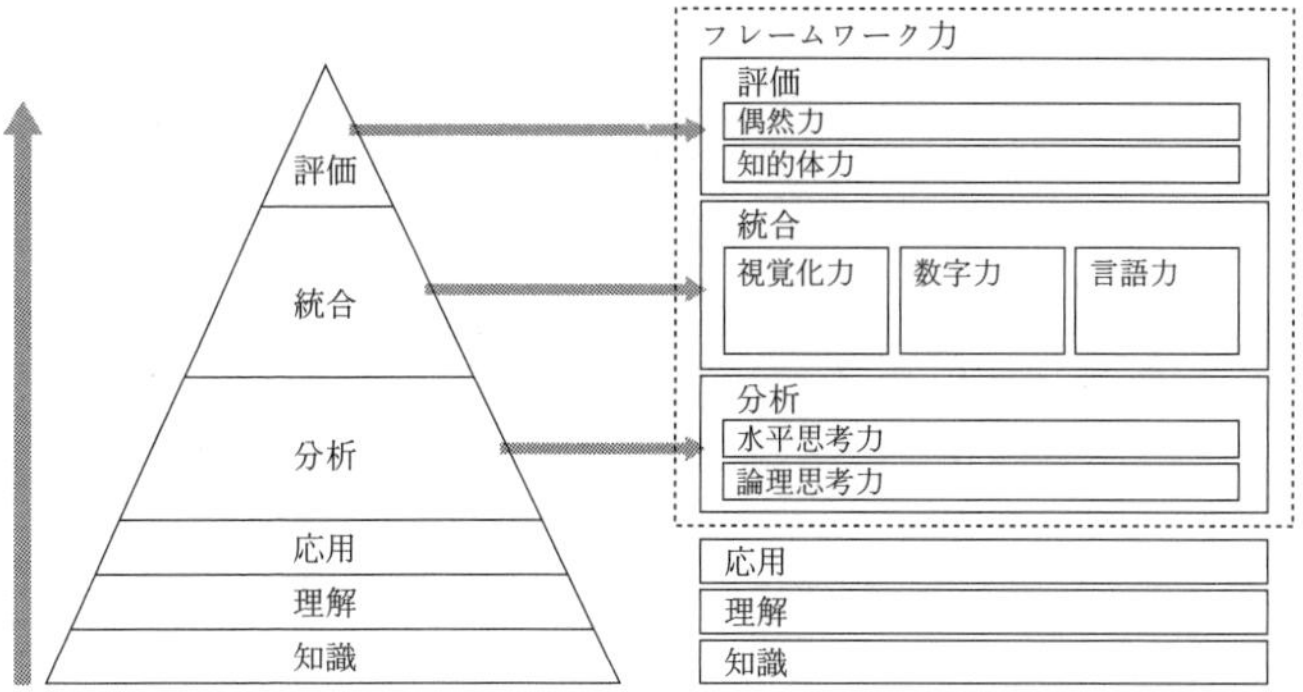

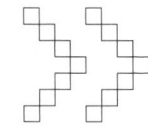

「ビジネス思考力」を定義する！

この本では、ビジネス思考力を次の五つの要件で定義します。

①ビジネスの場を中心として
②限られた情報と限られた時間の中で
③より適切な推論・判断を行い
④より適切な行動を起こすことで
⑤より高い付加価値を生み出す能力

このようにいうと難しく聞こえますが、要は、「あまり時間をかけず効率よく働いて、的確なアウトプットを出し、それでたくさんもうける方法」です。つまり、長時間労働をせず、自分の時間をうまく使いながら、人よりも高い付加価値の生産物を生産するための考え方です。

ここで大事なのは、目標は、あくまでも、より楽しく仕事をすることであって、**ビジネス思考力を磨くこと自体が目的化してはいけない**ということです。

ビジネス思考力の果実として得たお金や時間は、自分や家族のため、そして、社会のためにたっぷりと使えるようにすること、それが目的です。

これから、一つひとつの要件について、もう少し詳しく考えてみましょう。

①ビジネスの場を中心として

ビジネスの場が中心であるというのは、私たちが平日もっとも多くの時間を使うのがビジネスに対してであり、かつ、そこからの収入が生活の糧だからです。

ワークライフバランスを整えることが重要だとは、心の底から思います。けれども、**ビジネスでのしっかりとした力があって、それをテコに安定して成果を上げ、十分な収入を得られることへの心理的な保証があってはじめて、ライフも充実します。**ビジネスがしっかりすれば、自ずとライフにも好影響を与えるのです。

ビジネスの場は、工夫が給料や出世といった成果につながりやすいため、まずはそこで、思考力を磨いていく。すると「ライフ」の場でも生かすことができます。

たとえば、何かの家電製品の購入を考える際に選定基準をどのように設けるか、家計において何を節約してどこに十分な投資をすべきかなどは、ほとんどすべて、ビジネスのやり方と同じです。どの製品を買えば、維持費を含めたトータルコストがもっとも有利か、どのように管理すれば家の食材の品切れを防ぐとともに廃棄も最小限にできるかなど、実は、家事の細々したことも、同じスキルで解決できるのです。

このように、ビジネス思考力をつけることによって、私生活でも、より有意義なお金と時間の使い方ができるようになります。

② 限られた情報と限られた時間の中で

私たちが、何かについて思考したり判断したりするときには、時間と情報が必要です。しかし、多くの場合、判断や意思決定には期限があり、情報にも限界があります。将来を百%予測できるような完全な情報を手に入れることは、ほぼ不可能なのです。したがって、

限定的な情報を効率よく集めて、うまく組み合わせ、
一定の時間までに次の行動につながる解を導いていく

これがビジネス思考の基本となります。

ビジネス思考において、「時間」はとても重要な概念です。多少あいまいな判断であっても早く出た結論と、十分な情報に基づいた判断でも行動が遅れた結論の二つでは、前者のほうが優秀だったというケースは少なくありません。新製品の開発やトラブル対応を考えてみるとわかりやすいでしょう。

拙速は避けるべきですが、鈍足はもっと避けるべきです。

ふだん、周りの仕事ぶりを見ていると、伸びる人の特徴として、「意思決定の内容の精度はイマイチだが、とにかく、行動、決断が速い」ということがあります。こういうタイプの人は、若いうちはいろいろ失敗も重ねますが、その失敗から学ぶことで、特に三十代後半くらいになると、ぐんぐんと伸びる人が多いように思います。

一方、二十代の頃はとても優秀なのに、三十、四十代と伸び悩む人には、「考えすぎてしまってなかなか意思決定ができず、行動から学べない」というタイプの人が多いと感じています。

コンサルタント時代に私がさんざん上司から言われたことも、**「間違った仮説・結論であっ**

ても、仮説がないよりはずっとまし」ということです。なぜなら、その仮説・結論をもとに、次の地点に動けるからです。

ところが、この、「鮮度はいいけれども確度が多少悪い判断のほうが、遅くて正確な判断よりもよほど重要であるから、限られた情報の中でどんどん意思決定をする必要がある」というのは、案外知られていないようです。

上級マネジメント、特に経営者と話をすると、「そう、こういうことは基本中の基本なのに、これまでだれも教えてくれなくて、経験則から学ぶしかなかった」と言われます。実際、書店で類書をあたってみましたが、確かにピンとくるものはありませんでした。ですので、この点は、繰り返し強調しておきたいと思います。

ただし、このとき注意が必要なのは、こういった速い判断、試みは、あくまで、**そのあとに修正可能であること**が条件になります。

修正が不可逆であるもの（たとえば、会社の根幹を揺るがすような大きな資本投資決定、個人であれば就職・転職、結婚、住宅購入など）を判断する場合には、より慎重にならないといけません。何事も、ゼロイチではないのです。

③より適切な推論・判断を行い

たとえば、新製品のマーケティング戦略のように新しいことを判断しようとする場合、集められる情報も使える時間も限られているのは、②で述べたとおりです。しかし、同じ情報を持ったとしても、そこからより適切な推論・判断を行える人と、そうでない人がいます。

その違いはどこから生じるのでしょうか？

推論・判断が適切で速い人は、「フレームワーク力」が豊富であるためと私は考えています。

ここでいう「フレームワーク」というのは、空・雨・傘のような、優れた「ものの見方の枠組み」です。コミュニケーションに言語があるように、ビジネス思考においてもものの考え方の枠組みがあります。

そして、**「フレームワーク力」というのは、既存のフレームワークを正しく使う能力、そして新しく自分でフレームワークをつくっていく力です。**

語彙が豊富な人ほど、相手に自分の気持ちをわかりやすく表現して伝えることに長けているように、フレームワーク力が強い人ほど、瞬時に適切な判断ができます。なぜなら、フレームワークが、私たちの思考に近道（ショートカット）をもたらしてくれるからです。

たとえば、戦略を考えるとき、３Ｃ（Company：自社、Competitor：他社、Customer：顧客）のフレームワークをとっさに思い出せるか、マーケティング施策について、４Ｐ（Price：価格づけ、Product：製品サービス機能、Place：販売チャネル戦略、Promotion：広告戦略）を知っているかどうかでは、推論や判断の精度に大きな差が出てきます。

というのも、こういった３Ｃ、４Ｐのようなフレームワークは、これまで先人がずっと使ってきて、パフォーマンスを出しているからこそ生き残っている、磨き抜かれた古典的フレームワークだからです。

３Ｃを意識しない戦略は、多くの場合、自社の視点に偏ってしまうため、生産者の思考に基づく自分勝手な新製品になりがちです。また、４Ｐを意識しないマーケティングは、価格（Price）と製品（Product）に意識が偏ってしまって、「いい物を安くつくれば売れる」といったような、おおざっぱな判断になってしまいがちです。

事例として、私が二〇〇七年十一月に出版した『お金は銀行に預けるな〜金融リテラシーの基本と実践』という本を考えてみましょう（ちなみに、よく誤解されますが、別に私の本の宣伝がしたいわけではなく、ケースとして身近だから使っているということをご了承ください）。

この本は、二〇〇八年五月現在で十五刷り三十五万部のベストセラーになっていますが、この本を企画したのは二〇〇七年二月です。当時の私は、本もほとんど出していない、無名の著者でした。しかし、この本は最初から、左の表のようなマーケティングの4Pのフレームワークを使って、ベストセラーにするための仮説を考え抜いて出したのです。

結果、ねらいどおりのベストセラーとなりました。これも、4Pのフレームワークが頭にあったからこそ、適切な推論・判断ができた結果だと考えています。

Price

これまでの資産管理書籍は
1,000円を超える本ばかりで、
「ちょっと興味がある人」には敷居が
高かったため、1,000円以下とする。

Product

徹底した初心者対象。
ただし、金融以外の教養は高い人向けの、
内容が網羅された書籍。
ワークライフバランスとＳＲＩを強調。

Place

『さおだけ屋はなぜ潰れないのか』
『ざっくりわかるファイナンス』
などで先行事例がある光文社新書で出す。
いちばん重要なのは、資産管理コーナーや
株式コーナーではなく、
新書コーナーに置いてもらうこと。

Promotion

預金にしておくと発生してしまう
機会コストをわかりやすい題名で設定。
20以上の候補の中から、わかりやすく
インパクトのある『お金は銀行に預けるな』
にすることで、店頭での引きや
パブリシティのとりやすさを重視。

④ より適切な行動を起こすことで

実際に行動を起こすことが、多くのビジネスパーソンにとって、いちばん難しく、欠けがちな部分ではないかと思います。どんなにいい推論をしても、それをもとに何かを実行して、その実行の結果を着実に成果につなげないと、意味がありません。

ところが、**多くの人が、ここの実行の部分をさぼる**のです。それはやはりみな、結果がうまくいかなかったらどうしようと迷うからだと思います。しかし、このことを**逆に言えば、行動さえできれば、圧倒的に他者より優位に立てる**ということになります。

たとえば、私が情報の効率化やＩＴの使い方をテーマとした講演会を行うときには、次の二つの宿題を出します。アウトプットの重要性を知り、同じ体験を複数の視点から見るという体験をしていただくためです。これは、とても大切な学びだと思っています。

① 講演会の内容や感想について、三行でいいから、ブログに書くこと。
ブログを持っていない人は、これを機会に開いてみること。

② 自分の感想と、検索してみた他の人の感想を比べてみて、
同意点、相違点などを確認すること。

この宿題の実行率は、出席者のだいたい二十〜三十%。つまり、二百人の講演会で、四十〜六十人です。これを、意外とたくさんの人が素直に行うものだと見ることもできますが、一方、過半数の人が動かないものだと見ることもできます。だから、実行するだけで優位に立てるのです。

とにかく、ビジネス思考力を磨くためには、手数を多くすることとです。思考力というと、机の上でうんうんうなるようなイメージが強いと思いますが、けっしてそうではありません。積極的にブログに書いて、文字にして、チャートにして、プレゼンをしてと、実際に、**額にも身体にも汗して動く**のが、ビジネス思考力です。

行動することの重要性について、アルファブロガーの一人である小飼弾さんが、私の行動について、下記のようなエントリーをしています。少し長くなりますが、一部を引用します。

ここで、著者のblog、「私的なことがらを記録しよう!!」を改めて見てみよう。書評へのリンクを、実につぶさに張っている。ここまできっちりやる著者を、私は知らない。強いて言えば見つけた書評を余さずはてブしている梅田望夫だろうか。両者とも、十万部超えの本を複数ものにしている。

端から見て、これはかっこいいとはとても言えない。あさましささえ感じるだろう。そう。あさましさ。健全なあさましさこそが、報われない二十%に足りないものの正体である。報われていないのではない。自分に報いていないのである。

あなたは、知的生産というものをなんだかかっこいいもの、「知的」なもの、汗とは無縁なものだと思ってはいないだろうか？

違うのである。「生産」の文字が後ろに付く以上、「知」だけでは絶対に完結しないのである。アウトプットという、どこかの筋肉を動かさなければ完結しない作業が、そこには必ずついてまわるのである。そして、完結しなければ、そこから得られるものはゼロなのである。

http://blog.livedoor.jp/dankogai/archives/50983605.html

404 Blog Not Found「あなたはなぜ勝間和代に勝てないのか」より

すなわち、より適切に情報を集めて、意思決定をすること、そしてその結果を行動にまでつなげることが、ビジネス思考力なのです。

簡単な計算をしてみましょう。短時間で適切な情報を集められる人が二十%ぐらい、そのうち推論をしっかりと働かせる人が二十%、最後にそこから行動につなげる人が二十%ぐらいとすると、ビジネス上で短期間のうちに情報を集め、新しい解決策を考えて実行する人は、

20%×20%×20%＝0.8%

となり、なんと、百人に一人もいないことになってしまいます。

だからこそ、行動を起こす人材になれば、市場での希少価値が出て給料が上がり、成果を出しやすくなり、企業内での出世や転職がしやすくなるのです。

では、どうすれば、実行できるようになるのでしょうか。

私の経験では、次の二つの条件を満たすと、だんだんとできるようになります。

1　簡単な方法とその組み合わせを学習すること

たとえば、小飼さんのエントリーの引用の中にあったリンク集ですが、ブログ検索をして、該当するブログをFirefoxというブラウザーのブックマークに登録し、そこからファイルをつ

くって、タグを加工して、再びブログに転記するだけです。一つひとつの作業は、さほど難しいものではありません。でも、こちらもさっきの二十%の三乗と同じで、組み合わせてやる人が少ないのです。

2　作業の結果、成果が出ること

このブログ集をつくる作業は、ブックマークをする手間を除けば、正味十分程度です。しかし、その作業の結果、評価が得られたり、ブログを書いてくれた方との関係性が強化されたりすると、その十分間の投資に十二分に見合うリターンとなります。

ビジネス思考力は、アウトプットを見た周りの人からのフィードバックがあってはじめて磨かれます。そのためにも、「手足と口をまめに動かすクセをつけ、適切なフィードバックを得ること」が、ビジネス思考力をつける大きな要素となります。

⑤　より高い付加価値を生み出す能力

最後の要件です。より高い付加価値を生み出す能力とは何でしょうか。ひとことで表すと、

「あなたの時給を上げましょう」ということです。

付加価値とは、（相手から得られた価値）マイナス（自分が投入した資源）です。企業でいうと、「もうけにつながっているか否か」です。

もちろん、金銭がすべてだとは思っていませんが、資本主義の現在、価値判断の尺度としてお金という単位がいちばんわかりやすいため、それを活用します。

私は、お金は、**「相手から自分への感謝の表れ」**だと思っています。

だれしも、お金は大事です。だからこそ、それを使うということは、対象とするものに強く価値を感じているということです。すなわち、時給が上がるということは、より高い感謝を相手からもらえるようになったということなのです。

もちろん、極端な話、日付偽装の食品をつくったり、オレオレ詐欺で相手をだましたりして、相手からお金を巻き上げることは一時的には可能でしょう。しかし、五年、十年という単位で考えた場合、そのような方法では絶対にもちません。資本主義、そして**衆人の知恵**はとても賢いので、長期的には、その人が本来持つ付加価値に上手に回帰していくのです。

したがって、あなたのビジネス思考力が優れているかどうかは一朝一夕にはわかりませんが、何年、何十年も続けていくと、必ず、その結果がもうけの違い、相手があなたに喜んで支払ってくれる給料や時給の違いという形で目に見えてきます。

もうけがすべてではないということについては私も強く同意します。だからこそ、企業にも社会的責任が重要で、モラルを守るべきなのですが、それは私たちも同様です。しかし、健全なもうけがないと、私たちの生活が健全にならないし、感謝すべき相手に対して気持ちよく感謝を表す（＝相手の価値を認めてお金を払う）ことができません。そのためにも、ぜひとも、お金をもうけることにもっともっと、よい意味で固執してほしいのです。

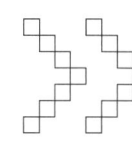

なぜ今、「ビジネス思考力」が必要なのか

ベストセラーに見る労働環境の変化と市場のニーズ

本のベストセラーというのは、市場でのニーズをよく反映していると思います。

たとえば、ビジネス書でいいますと、二〇〇五年のベストセラーは『下流社会』『希望格差社会』『さおだけ屋はなぜ潰れないのか』『頭がいい人、悪い人の話し方』などでした。

これは、一九九五年に始まった日本の小さい政府施策（政府の規模を小さくして、福祉その他を抑える代わりに、民間の活力を生かそうという考え方）が浸透しはじめて、だんだんと格差社会が目につくようになり、汎用的でかつ入門書に近いビジネス書籍が売れた結果でしょう。

二〇〇六年になりますと、『なぜ、社長のベンツは4ドアなのか？』『千円札は拾うな。』『夢をかなえる勉強法』などがベストセラーになり、少しずつ専門化したビジネス書や勉強法へのニーズが高まってきたことがわかります。

さらに二〇〇七年は、『「1日30分」を続けなさい！　人生勝利の勉強法55』『できる人の勉強法』『無理なく続けられる年収10倍アップ勉強法』『レバレッジ勉強法』など、みなさんがよく知っている勉強法ブームの年でした。

そして、この勉強法のブームは、二〇〇八年の今年に入って、また新しいブームを生み出しています。**「知力ブーム」**と私は名づけたいと思いますが、より高度な勉強法や思考法を求める人が多くなってきているのです。

これはある意味、当然です。他者よりも高い生産性を求めるということは、すなわち、健全な競争の中で、他の人よりも豊富な知識を持つということです。勉強法がブームになったことで、勉強していない人が不利になるのは当然として、みんなと同じように勉強したところで、平均点＋αくらいしか取れないことになってしまいます。そこで、さらに一歩抜きんでるためにと、より高度なものが求められるのです。

このようななか、次のスキルとして必要とされたのは、勉強という比較的インプットを中心とした考え方から、「知力」という、勉強で得たものをどうやって解釈し、判断し、自分の中で新しい情報として置き換えていくかという部分、すなわち思考力です。

その証拠として、二〇〇七年末からの各書店のビジネス書でトップを争っていた売れ筋二冊は『地頭力を鍛える〜問題解決に活かすフェルミ推定』、拙書『効率が10倍アップする新・知的生産術〜自分をグーグル化する方法』です。

『効率が10倍アップする新・知的生産術〜自分をグーグル化する方法』は三百ページある骨太の本で、内容も明日からできる簡単なことを扱うというよりは、「これが全部できれば効率は上がるでしょうよ」と一部から揶揄されるくらい、広範囲の技術を扱っています。

『地頭力を鍛える〜問題解決に活かすフェルミ推定』は比較的複雑な手順をわかりやすく説明したものですが、それでも、二〇〇五〜二〇〇六年の売れ筋ビジネス書にはなかった難易度です。

この二冊に共通するのは、どちらもこれまで、**外資系の世界的なコンサルティング会社でしか役立たなかったようなビジネス思考のテクニックが、幅広いビジネスパーソンに要求されるようになった結果**だということではないかと考えています。

ほかに、『外資系企業がほしがる脳ミソ——採用試験の定番！ 問題解決力を試す60問』という本もよく売れています。

なぜこのような本が必要とされているかというと、インターネットその他情報技術の発達、そしてグローバル化により、環境の不確実性と、何か起こったときに対応しなければならない企業にとってのスピードがどんどん加速しているためです。すなわち、**現場の一人ひとりが不**

確実な情報を限られた時間のなかで意思決定していかないと、企業の経営が成り立たなくなってしまっていて、そうした、自分で意思決定していける人材が求められているからだと思います。

もちろん、マニュアル化が進み、このような創造的な意思決定がさほど必要とされない仕事も多くあります。しかし、そのような仕事は付加価値を生み出しにくいため、機械による工程やITによる工程の代替品としての価値しか与えられず、時給も月給も、そして勤め口も頭打ちになってきてしまっている傾向があります。

さらに、こういった雇用がどんどん外国人労働者に代替されてきているのは、東京都心部などでコンビニに寄ったり、ファミレスに入ったりしたことがある人でしたら実感していることでしょう。

将来は極度に不確実である、ということを前提に、私たちのビジネスも人生も、組み立てていかなければならないのです。

「教えて君」から脱却しよう！

戦略系のコンサルティング会社では、入社試験で、先に挙げた『外資系企業がほしがる脳ミソ―採用試験の定番！　問題解決力を試す60問』に載っているような、限られた情報の中で推論を導き出すペーパーテストが出され、その成績が第一次選抜に用いられます。なぜなら、このペーパーテストの点数とその後のコンサルタントとしてのパフォーマンスが、非常に高いレベルで相関しているからです。

もちろん、このテストの点は今ひとつなのだけれども、人柄、経験ともすばらしいという人たちを試験的に採用することもあります。しかし結局は、高いパフォーマンスを出すことができず、本人にとっても、会社にとってもあまりよい結果にならないことが多いのです。

しかし、ここで試される思考法は、いわば考え方のクセであって、基本を理解すれば、比較的身につきやすいスキルです。

たとえば、次は、「フェルミ推定」の問題ですが、質問への答えを**自分の頭**で考えてみてください。時間は数分以内です。

質問　日本に犬は何匹いますか？

ここで大事なことは、**結論ではなく、そのプロセスです。**

ですので、いちばん失格なのが、この質問について**ググった（グーグルで検索した）人**です。

ググれば一瞬で答えが出てきます。しかし、ここでは「自分の頭で」と言っているのですから、ググったり、人に聞いたりした人たちは、私が「教えて君」と呼んでいる、伸びないタイプになってしまいます。

次にまずいのが、だいたい**山勘で根拠もなしに答えた人**です。「三百万くらい？」などの答えですね（ちなみに、私は会計士の初心者のころ、「ウソのゴサンパチ」という言葉を習いました。なぜか私たち日本人が山勘で数字を言うと、5か3か8になるそうです）。

私がこの質問を受けたときに考えたのは、以下のプロセスでした。

①まず、日本にいる犬を、愛玩用と愛玩用以外、たとえば動物園での飼育犬や牧羊犬などに分けます。

②愛玩用以外の犬の数は、日本全体の動物園の数や日本での牧畜の広がりを考えると、せいぜい数百匹でしょう。これに盲導犬や警察犬を加えても、最大でも数千頭レベルであり、愛玩用に比べると誤差の範囲であると判断します。

③次は、愛玩用の犬の数を数えます。ここで重要なのは、世帯数です。つまり、日本にいる

家族の何組に一組が犬を飼っているか、想像するわけです。

現在、日本の世帯数は約四千七百万世帯です。感覚的に、近所や自分の友人を想像して、十軒に一軒よりも多くの家が犬を飼っていると思いますし、三軒に一軒だとちょっと多すぎるので、おそらく五〜七軒に一軒くらいが犬を飼っていると仮定します。

また、犬を飼っている家は一匹の家も、二匹以上いる家もありますから、犬を飼っている家の四軒に一軒が二匹飼っていると仮定して、平均でざっくり一・二五匹としましょう。

日本の家庭のうち、五軒に一軒が犬を飼っているとすると、
4700万世帯×1/5×1.25匹＝1175万
日本の家庭のうち、七軒に一軒が犬を飼っているとすると、
4700万世帯×1/7×1.25匹＝839万

いずれにしても、だいたい一千万匹＋αぐらいだということはイメージできます。この感覚、プロセスが大事なのです。繰り返しますが、ビジネス思考力で重要なことは、**結果ではなくプロセス**です。

ちなみに、正解は千三百万匹。また、日本にいるネコの数は八百万匹（飼い猫七百万匹、野良猫百万匹）で、犬のほうが多いようです。なぜ犬のほうがネコより多いのかという仮説を立

てるのも、よい訓練になります。

ここでのビジネス思考力のキモは、

今、自分が持っている最良の情報（日本人の世帯数、犬を飼っている人の割合など）を組み合わせて、新しい情報を生み出せる能力

ということです。

先に触れた、私がウェブで本を売る手法を開発したことについても、だれかがそのやり方を教えてくれたわけではありません。ただ、自分ができうる範囲の情報を集めて、仮説をつくり、フィードバックを重ねながら、日々、カイゼンを重ねていった結果です。

私の実感では、こういったビジネス思考力が売りものになるレベル（＝それを使って他の人から何らかの形でお金をもらえるレベル）で身についている人はおそらく、平均的なビジネスパーソンを分母にすると、五人に一人くらいではないかと思います。

そう考えないと、なぜマッキンゼーをはじめとしたコンサルティング会社を、あのような高い料金体系でも雇い続ける企業があるのか、あるいはマッキンゼーの出身者がなぜ、このような高い割合でみなさんの目につくところで活躍しているのか、説明がつかないでしょう。

そうなのです。**ビジネス思考力を身につけて、「教えて君」から脱却することは、実はもっとも簡単で、かつ、確実な人生の保険なのです。**

ところで、このような本を読むときに、いちばん危険な考え方は、「この本に書いてあることは、あの本にも載っていた、この本にも載っていた、あくまでその焼き直しではないか、つまらない、役に立たない」と思ってしまうことです。それこそ、「教えて君」の考え方そのものなのです。

なぜなら、もしすでに以前の本で書かれていた時点で理解し、咀嚼していたら、そこまでたくさんの本を収集する必要がなかったはずだからです。もし咀嚼していれば、根底に共通するものは何か、新しいことは何かと、探求する好奇心が出てくるはずです。

すなわち、「教えて君」から脱却するためには、他者の考え方に敬意を払って、少しでも役に立つことは惜しまず相手に称賛を送り、かつ、その一部でも、自分の血肉となりアウトプットが出るまで取り込むという相互作用が重要です。

かといって、ビジネス思考力とは、上手な人の考え方を闇雲にまねるということではありません。以下、どうすればそのような思考訓練方法が身につくのか、説明していきます。

思考の六つの段階

ブルーム博士の思考の六段階モデル

ビジネス思考力を鍛えるにあたって、まず覚えたいのが、教育学者のベンジャミン・ブルーム博士が提唱したテキサノミー理論をベースにした、思考の六段階モデルです。

これは、**思考の段階を「知識―理解―応用―分析―統合―評価」に分類**し、各分野の能力を向上させるトレーニングが、教育において必要だとする考え方です。もう少し具体的に、一つひとつの考え方を見ていきましょう。

① 知識　暗記力（事実、言葉、やり方、分類を知っている）

② 理解　内容を解釈したり、言い換えたり、説明したり、推し量ったりする能力

③応用　**知識を一つの状況から別の状況に移すことができる能力**
④分析　**全体の中の部分を見つけたり、区分けしたりできる能力**
⑤統合　**部分を組み合わせて、統一された全体をつくりだせる能力**
⑥評価　**基準を使って情報の価値や使いみちを判断できる能力**

出所：ベンジャミン・ブルーム「教育のねらい分類」

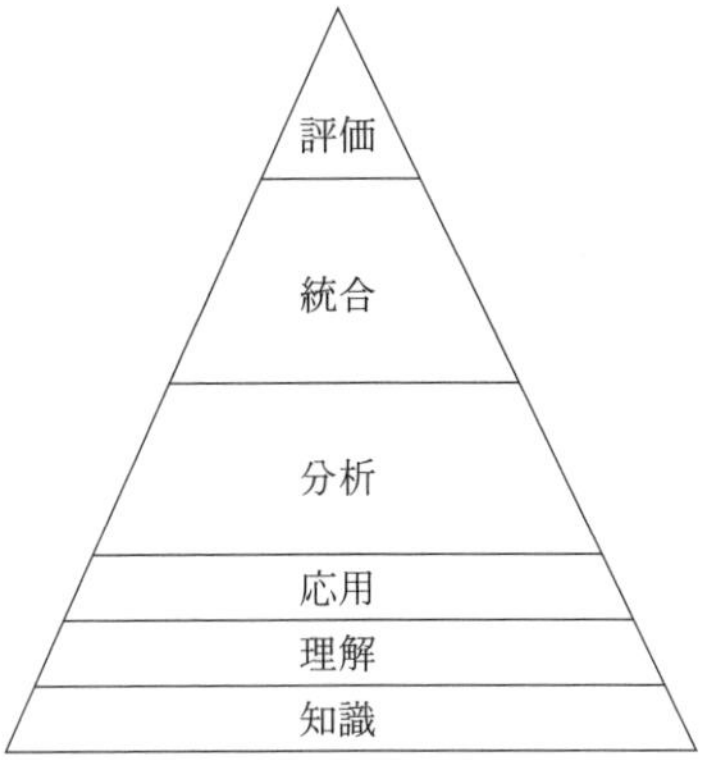

ここで重要なことは、この六つが階層構造になっていることです。知識がなければそれを理解することができませんし、応用することができません。応用があってはじめて分析・統合があり、そして評価ができる、ということです。

知識のレベルで思考を止めない！

また、これを三つに分類すると、次のモデルになります。

①空―事実認識（知識、理解）
②雨―解釈（応用、分析）
③傘―問題解決（統合、評価）

私がしつこく「教えて君」はいけないと言っているのは、「教えて君」を繰り返すと、つねに空（事実認識）のレベルの情報しか頭に入らないし、自分で問題解決ができるようにならないからです。

とはいえ、けっして知識のベースをおろそかにしてはいけません。

たとえば、このモデルを見たときに、はたと気づいてほしいのは、「なぜゆとり教育はうまくいかなかったのか」ということです。

最近、会計学の学会で大学の教授と話をしていて、次のようなエピソードを聞きました。

二〇〇七年四月に入学した大学生は、ゆとり第一世代といわれ、ゆとり教育を小学校一年生からフルタイムで受けてきた世代といわれますが、会計学の授業のあとで、比例のやり方がわからないので教えてくれという学生で長蛇の列になったというのです（ちなみに、これは早稲田大学の話です）。

この教授はもうすぐ還暦で、何十年も会計学を教えてきたベテランなのですが、このようなことは初めてだったそうです。もちろん、会計学ではコストを配分し、期間損益を配分するのが基本ですから、比例がわからないと授業にならないのはいうまでもありません。

そうなのです。この事例でわかるように、ゆとり教育の問題は、①の知識のレベルを十分にこなさないまま、②以上のレベルを生徒に求めすぎてしまい、しかも全体の授業量を減らしたので、結果として、思考力がうまく育たなかったことにあるのです。

したがって、ビジネス思考力を身につけるプロセスでは、以下の三つが必須要件になります。

①十分なレベルの「空」の情報、すなわち知識を得て、理解を深めること。

たとえば、先ほどの犬の数の推定では、日本の世帯数が四千七百万だということがわかっていないと、正解にはたどり着きにくくなります。

②得た知識とその理解から、「雨」の情報、すなわち自分なりの当てはめ方や、フレームワークを中心とした分析ができるようにしておくこと。

たとえば、同じやり方をネコの推定のような簡単なものから、各家庭におけるトイレットペーパーの使用量のようなちょっとひねったものまで、先ほどの犬の数の計算が応用できるかどうかが勝負です。

③最後に、「傘」の情報、すなわち解釈を自分の考えや行動に生かせるかどうかです。

これが思考力のポイントになります。どんなにいい考えを導いたとしても、その考えをどうやって現実に生かすかは訓練次第です。

私たちの考え方や教育の多くは、知識・理解の段階にとどまるか、せいぜい応用レベルで終わってしまうため、学校のテストや入学試験なども、ある程度、過去問を繰り返し解いたり、専門学校で習うことにより、パターン認識で対処できるようになってしまっています。しかし、それでは学校のテストでいい点を取ることができたとしても、現実の世界では対処できないのです。

『無理なく続けられる年収10倍アップ勉強法』（ディスカヴァー）でも触れましたが、私が公認会計士試験の二次試験を受験した年、七科目中四科目で、それまでとまったく違う傾向の問題が出ました。その結果、専門学校でいい点数を取っていた一〜一〇〇位の人たちは軒並み落ちてしまいました。その代わり、私のような、専門学校の模擬試験ではせいぜいボーダーラインだった人たちの多くが受かりました。

なぜでしょうか？　私の場合、模擬試験を覚えるより、授業で受けてきた抜本的な会計学、経営学や監査論などの理論体系の理解や、何が基本なのかということに時間を使っていたからです。

独学一年で司法試験に受かった友人も、暗記が極度にきらいな人でした。その代わり、いかに基本的なものを組み合わせて新しい考えや分析を生み出すかに、自分の時間を集中していたと言います。

思うに、模擬試験上位の人たちは、過去問題や専門学校のパターン問題に過度に最適化してしまい、考える能力を失ってしまったのでしょう。同じことが、日常生活でも起こります。これは、**勉強熱心な人にほど起こりがちな罠**なのです。

トヨタのカイゼンで、「不良品が出たのはなぜか、『なぜ』を五回考えろ」という有名な教えがありますが、これは、「なぜ」を五回繰り返すと、自動的に思考が深いレイヤー（層）に結びついて、最後の「評価」の段階へとつながりやすくなるためです。

こう考えると、知識で得たことがなかなか行動（＝評価）につながらないのは、当然です。**知識で終わっていることは借りものの知識であって、理解→応用→分析→統合を経てはじめて、自分の血となり肉となる**のです。

なぜ、地頭がいい人、新しいことを見つけられる人と、そうでない人がいるのか？　それは、**ふだんから、いかに、知識→理解→応用→分析→統合→評価の六つのプロセスを回し続けているかどうか**ということだと思います。クセといってもいいでしょう。このクセがある人とない人では、頭のパワーが違うといっても過言ではないと思います。

ただ、精神論でやれといわれてできることではありません。スポーツにおいて、いきなりあるべき論を教えられても、一朝一夕にはできないのと同じです。でも、一つひとつの身体の動かし方を習っていって練習すれば、いずれできるようになるのと同様、頭の使い方、動かし方、その型も、練習次第です。

そこで重要なのが、「フレームワーク」です。

このフレームワークについては、第二章で詳しく述べますので、今は、この六つの思考のプロセスも、「なぜ五回」と同様、一つのフレームワークだということだけ理解してください。

たとえば、ロングセラーになっている『ロジカル・シンキング』（東洋経済新報社）は、たくさんのフレームワークを提供している本のひとつですが、これに限らず、ロングセラーになる良書には、私たちの六つの思考レベルのうちの、特に応用以降の後半のプロセスを助けてくれるものが多いのが特徴です。

知識や理解のレベルに属する情報は比較的入手が容易で、かつ、インターネットや雑誌でも多く提供されています。しかし、応用以降のモデルについては、ある程度の文字数と論拠を示して、読者に実際に、頭に汗をかき考えてもらわないと身につきません。そのため、文字量が比較的大きくとれる「書籍」が、それらを伝えるメディアとして向いているのです。

と、こんなふうに、六つの思考レベルのフレームワークを知っているだけで、店頭で書籍を選ぶ際にも参考になると思います。

ぜひ、まずは六つの思考レベルのフレームワーク（六つが長くて覚えにくかったら、空・雨・傘でもいいです）を頭にたたき込んで、**知識のレベルで思考を止めない習慣**をつけてください。このことが、自分の頭で考えることのスタートであり、足腰になります。

ビジネス思考力をつけることで得られる五つの果実

ビジネス思考力をつけることで得られるものについては、これまで少しずつお話ししてきましたが、ここでもう一度整理しておきましょう。得られる果実は以下の五つです。

① 将来のできごと、世の中の変化の方向が高い確率でわかるようになる
② 高い確率でこれからの判断ができるようになるため、事前準備に時間が使え、リスクをより管理できるようになる
③ 状況判断が迅速かつ的確になり、新しい行動がとりやすくなる
④ 自由な時間がもて、よい収入が得やすい職業・仕事に就くことができる
⑤ 日常の仕事においてムダな作業がなくなり、長時間労働を防ぐことができる

① 将来の予測可能性が高まる

では、順に見ていきましょう。まず、将来の予測可能性が高まることについてですが、二〇〇五年に自分のブログの中で、デフレ対応型のマクドナルドのような大手レストランチェーンの価格帯が全国一律なのはおかしいので、そのうち価格が改定になるのでは、などと書いていたところ、二〇〇七年にそのとおりとなりました。実は、このことを、書いていた私はすっかり忘れてしまっていたのですが、ブログの読者の方に指摘されて思いだしました。

ほかにも、自転車の活用、耳でする勉強、インターネットを利用したマーケティングなどは、これまで説明してきた六つの思考レベルを当てはめることで、「論理的にはこの方向にいくだろう」ということで早期に始めたものです。

自転車については、これだけエコロジーが叫ばれ、化石燃料の価格高騰と限界、環境破壊について意識が高まるなか、海外のいろいろないい自転車が日本にどんどん輸入されるようになり、スポーツ自転車専門店もどんどん増えてきて、しかも健康志向も高まっている。「流行らないわけがない」ということは、二〇〇〇年くらいから予想ができました。

耳でする勉強も同様です。「耳勉」が流行ったのはちょうど、カセットのウォークマンが台頭してきたころですが、CDウォークマンやMDに移行すると、ともに録音時間が八十分前後と短くなったうえに、特にCDはそれなりにかさばって扱いがめんどうだったため、だんだんと廃れてきてしまいました。ところが、インターネットとデジタル・オーディオという強力な技術革新が起こったことで、こちらも再び流行ることが予想できました。まだまだブームは始まったばかりだと思っています。

また、二〇〇八年一月に行った神田昌典さんとのトークショーでは、これから起こることについてのキーワードとして、二人で打ち合わせたわけでもないのに同じことを言っていました。それは、「個人責任の時代」の到来です。これから十年以内に、これまでの政府・社会・会社の保護が薄れる代わりに、個人一人ひとりの責任が重要となる時代が来るということです。もちろん、そうだからこそ、今、ビジネス書がこれまでになく、よく売れているのでしょう。個人一人ひとりがサバイバルをかけているわけです。

②リスク管理ができるようになる

将来が高い確率で見えてくるということは、ある意味、その将来に向かって準備しないといてもたってもいられないということでもあります。たとえば年金の問題です。

このままでは日本の人口は、二〇五〇年には一億人を切り、その時点での六十五歳以上の人の比率は三十五%を優に超えていると予想されています。どう考えても、年金以外の方法で生活ができる自衛手段を組んでおかないと、私は枕を高くして眠ることはできません。

少子高齢化の問題はほんとうに深刻で、『猪口さん、なぜ少子化が問題なのですか?』で、共著者の猪口邦子衆議院議員といろいろと議論を交わしましたが、私がいちばん不思議なのは、なぜこのような深刻な事態をみなが真剣に受け止めていないかということでした。

猪口さんの仮説はシンプルで、**「それは想像力の欠如だ」**ということでした。すなわち、どんな怖いことでも、想像できなければ怖くないわけです。確実に悪い方向、まずい方向に向かっているとしても、それに気づかなければ、枕を高くして眠ることができるのでしょう。

しかし、いざ私たちが六十五歳になったときに、すずめの涙ほどの年金しかもらえなくなり、「こんなはずではなかった」と後悔しても、時は逆には戻らないのです。

③ 新しい行動がとりやすくなる

これも、原理はとてもシンプルです。私たちは毎日毎日、細かい判断を繰り返しています。

どの道を通ったほうがいいのか、今日は何を食べるべきか、どのメールから返事を出せばいいのか、どの仕事から手をつければいいのか、朝何時に起きればいいのか、企画書はどういう構成にするのか、今日は何の服を着ていこうか、などなど。

そのときの状況判断が正しければ正しいほど、より効率的に付加価値を生み出すことができます。そのときに役立つのが、空・雨・傘を中心にしたビジネス思考力なのです。

周りの人を思い出してほしいのですが、判断が速い人は行動が速く、結果も早く得られるため、さらにその結果を使って新しい判断をする、という判断の好循環をつくることができます。「私は行動が遅くて」とか「わかっているけれどもできなくて」と嘆く人が多いのですが、実際は違います。**「わかっていないから、行動できない」**のです。

だれしも、百％未知の状況では判断が遅くなり、鈍くなります。逆に百％わかっている状況なら、躊躇なく行動できます。だからこそ、**わからない状況をを少しずつ、ビジネス思考を使って、よりわかっている状況に近づけていき、判断の精度を上げることで、行動がしやすくなる**のです。

④より恵まれた仕事に就ける

より恵まれた仕事に就ける可能性については、『まぐれ』（ダイヤモンド社）という書籍がたいへん参考になると思います。この本では、成功したトレーダーの多くはまぐれであり、次に生まれ変わったり、状況が変わったりしたときには貧乏になりうるが、一方、堅実な歯医者はどのような状況になっても、金持ちであると言っています。

私はこの考え方にとても賛成で、どんな状況になったとしても、堅実なスキル（たとえば、歯の治療法など）を持っていれば、高い確率で、よりよい時給と自由な時間を得ることができると考えています。

職業選択の際、いちばん多い失敗は、そのときにもっとも流行っている企業に就職してしまうことです。 昔は鉄鋼、少し前が電機、私たちバブル世代は、銀行、そして最近はＩＴ・インターネットといったところでしょうか。しかし、それらの業種はある意味まぐれで、これまでたまたま勃興してきただけなのかもしれません。そうすると、これから起こることは何か？

業界の過当競争と業界に殺到した人材の過当な競争です。しかも、そういった企業には「教えて君」や「暗記君」が集まりがちなため、リスクをとらず、石橋を叩いて叩き壊すようなことが起こり、業界全体がだんだんと沈んでいってしまうのです。

それよりは、そのときに注目されていなくても、将来伸びる可能性が大きい仕事に就いたほうが、やりがいもあるし、収入にもつながりやすくなります。あるいは、ビジネス思考力がつねに生かせる仕事に就くことで、将来のリスクを減らすことができます。

ビジネス思考力を生かした高給の職業の典型は、たとえば、戦略コンサルタント、証券アナリスト、インベストメントバンカー、プライベートエクイティ・インベスター、ベンチャーキャピタリストなどでしょう。企業勤めでも年収数千万円の人たちは珍しくなく、トップクラスは年収一億円以上となり、独立も可能です。

こういう職業への就職・転職をすべての人がしないとしても、**ビジネス思考力を生かせば、社内でめざましい活躍ができる確率が高くなり、出世と昇給を手に入れることができます。**そして、ある組織において仕事ができると思われることは、ありとあらゆることに対する免罪符となり、いろいろな意味で自由度が増すということはいうまでもありません。

⑤ムダな作業を削減できる

よく20―80といわれるように、ふだんの仕事のなかでほんとうに大事なこと、もうかることは実は仕事全体の二十%しかありません。その二十%が全体の八十%の利益を稼いでいるのです。ところが、分析するとわかりますが、多くの人は、ほんとうに大事な二十には過小投資で、あまり大事でない八十に対して過大投資をしています。そして、それが結果として長時間労働になり、残業につながってしまっているのです。

では、なぜそのようなことが起きるかというと、何がほんとうに大事な二十なのか、判断できないからだといっていいでしょう。実際、ビジネス思考力が弱いと判断できないのです。判断できないからこそ、すべてに時間を使ってしまいます。

私はこのような、残りの八十にまで力を使ってしまう仕事のやり方を**「保険仕事」**と呼んでいます。やるかやらないか迷ったときには、念のため、その仕事をしてしまうのです。しかし、実際には成果につながらないどころか、その八十の保険仕事をするためにコアの二十の仕事の時間が減ってしまって、全体の成果が上がらなくなります。

ただ、ふだんの仕事のなかで、何が保険仕事で何がコア仕事なのかを見分けていくためには、将来のシナリオをざくっと頭で想像したり、それぞれの費用対効果をさっと計算できる必要があります。もちろん、それをはじめからできる人はいませんが、できるようになろうと決めるか決めないかで、これから五年後、十年後のムダな作業の割合が大きく変わってしまうのです。

ちなみに、これまで人間が、判断はいらないけれどもルーティンとして行ってきた仕事は、どんどんＩＣタグや電子マネー、自動仕分け機や自動在庫管理機、自動発注などのＩＴに置き換えられていきます。すべてがＩＴに置き換えられないけれども、定型的な判断しかいらない、少しの訓練ですむものは、非正規雇用の臨時雇いか、外国人労働者の仕事となっていくでしょう。

一方、なぜ、日本人がサービス残業を含めた長時間労働をしてしまうかというと、**正規雇用の従業員の多くが実力以上に給料をもらいすぎていることが多く、保険仕事のための残業を断って職を失うことを恐れているため**だと私は思っています。なぜなら、同じ給料を得られる正規雇用の職はなかなかなく、一度非正規雇用になると、生涯年収が一気に三分の一以下になってしまうこともあるからです。

経済原理は、効率的といえば効率的にできていて、正規雇用の賃金には下方硬直性があり、かつ、日本の雇用慣行ではなかなか解雇や賃下げはできない、このため、雇用主はその分、従業員を長時間労働で安くこき使うことで、つじつまを合わせているのです。問題は、そのようなものにつき合っていると、こちらも心身ともに消耗してしまうということです。

そのような悪循環から抜け出すためには、ビジネス思考力をつけて、いつでも会社を辞められる、どこでも今の給料よりも高く自分を買ってくれる、場合によっては独立もできる、という実力を素地としてつけていくことでしょう。それが、私たちにとって、いちばんのリスクヘッジになり、保険になります。

保険仕事をして心身ともに消耗することは、中長期的には最適解とはいえないのです。

ビジネス思考力はコツさえわかれば、日常生活で習得が可能

ここまで、ビジネス思考力の定義や効用について説明してきました。おそらく、読者のみなさんがもどかしく思っているのが、「それでは、どうやって身につければいいのか」ということだと思います。

そのプロセスをひとことで言うと、**最低限の知識をつけたうえで、実際に一つでも多く痛い目に遭いながら、新しいフレームワークを頭の中で積み上げていくことです。**

最低限のフレームワークを手っ取り早く手に入れる方法として、欧米のビジネスの現場で重宝されてきたのがMBAです。MBAで取得する授業カリキュラム、たとえば戦略論、マーケティング、会計、ファイナンス、統計学などは、それ自体が六つの思考段階の知識・理解として重要なのですが、それ以上に、その応用である応用・分析や統合・評価の訓練を、ケース・スタディやディベートで行うところに価値があります。このため、ある程度の資質が保証され

ることになり、雇う側としては、企業側の教育コストを削減できる分、高い給料で雇いたいというニーズが生じるのです。

つまり、MBAは知識を得るところというよりは、**思考法を訓練するところ**と考えたほうがいいでしょう。

たとえば、コンサルティング会社にはMBAを持っていない人のための研修があり、当時、まだMBAでなかった私も参加しましたが、その研修日程はわずか三週間でした。つまり、思考法の訓練はOJTで行うので、とりあえずのMBAの知識であるマーケティングや戦略、企業評価などを詰め込むだけだったら三週間で十分だということです。

逆に言いますと、必ずしも**MBAに通わなくても、OJTのなかで、ビジネス思考力の習得は可能**だということです。少なくとも、単にMBAの資格を取るだけのために、試験は友人のノートと過去問だけで臨み、単位は楽な授業ばかりで、という私たちの多くが大学生のときに行っていたようなテクニックを使うのであれば、単なるお金と時間の無駄だと思います（残念ながら、そういう人は少なくないようですが）。

このMBAホルダーに、ビジネス思考力が強い人が多いというのは、たとえば神田昌典さんや本田直之さんのビジネス著作が（そしてたぶん、私のものも）よく売れているのが一つの傍証になるでしょう（彼らもＭＢＡホルダーです）。

もちろん、こうしたビジネス書を、月並みなことだと感じる読者もいるかもしれません。特に、「教えて君」にとっては、物足りない内容でしょう。しかし、なぜそれを読みたがる人、読む人がたくさんいるかというと、神田さんの本にしろ、本田さんの本にしろ、すべて、**著者が実際に考えて、実行してきたもの、すなわち、知識→理解→応用→分析→統合→評価のフレームワークを経てきたものばかりだからです。**その体験を追認することで、私たちも著者の体験の疑似体験ができるからです。

たとえば、拙書『お金は銀行に預けるな』（光文社）にしても、お金を貯めるためには、

●大型の保険に入らないこと
●車を買わないこと
●住宅ローンを組まないこと

を推奨していますが、三つとも、私自身が二十代のときに引っかかってしまって、金融的にいうと大きな損失を出してしまい、そこではたと気づいて計算し直すことによって得た知見です。

したがって、知識の部分だけに注目して、さまざまなビジネス書をホッピングしながら、このやり方は自分には合わない、この本は知っていることしか書いていない、などと批判をする

のは非常に効率がよくないやり方だと思います。
そうではなく、すべての基礎となるしっかりとした知識を広範につけ、理解したうえで、一つひとつ、自分で考えてフレームワークに落とし、必要なら新しいフレームワークを自分でつくりながら、自分の行動につなげていくのです。

しつこいようですが、

知識→理解→応用→分析→統合→評価の流れを何回も何回も繰り返す

ことで、ビジネス思考力は訓練され、磨きがかかります。

とはいえ、ふだんの私たちの生活やこれまでの教育では、知識から理解か、あるいは次の応用くらいまでしか体系だっては教わってこなかったと思います。そこで、第二章からは「ビジネス思考の基礎となる7＋1の力」として、特に分析以降の思考に役立つ七つの考え方と、これらの七つの力の上位概念となるフレームワーク力について説明していきたいと思います。

第2章
ビジネス思考の基礎となる 7+1の力

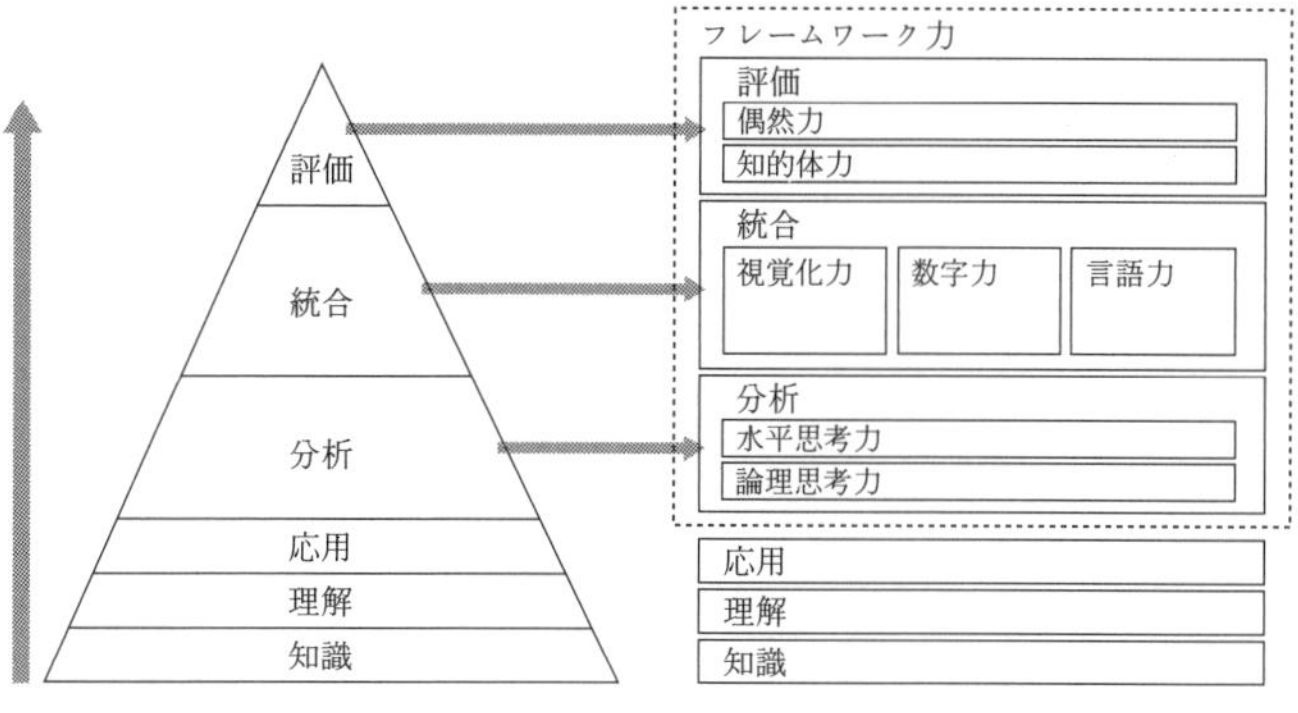

まずは「フレームワーク力」のお話から

フレームワーク、フレームワーク、フレームワーク、フレームワークという感じで、フレームワーク、ああ、フレームワークという言葉が何回出てくるのか、と嘆息をついている方もいらっしゃるかもしれません！　**しかし、すべての思考はフレームワークから始まる**のです。

少なくとも、私自身にビジネス思考力が育ってきたきっかけは、二十九歳のときに中途入社したマッキンゼーで「フレームワーク」という概念・言葉を知り、それを日々の生活で役立ててきたからだと断言できます。もちろん、すべてを会社で教えてくれるわけもなく、それを意識し、日々の生活で積み上げていくことで、自分のフレームワークをつくってきました。

フレームワークとは何ですか、とよく聞かれるのですが、大辞林を引くと

⑴骨組み。骨格。枠組み。

(2)体制。組織。

とあっさり書かれていて、あまり役に立ちません。そこで、英語の辞書（American Heritage Dictionary）を引いてみると、frameworkにはこんな解説が出ていました。

1 A structure for supporting or enclosing something else, especially a skeletal support used as the basis for something being constructed.

2 An external work platform; a scaffold.

3 A fundamental structure, as for a written work.

4 A set of assumptions, concepts, values, and practices that constitutes a way of viewing reality.

やっと、ビンゴです。そう、私が説明したかったフレームワークは4の意味です。日本語にしますと、こうなります。

フレームワークとは、
現実を観察する方法を構成する仮定、概念、価値、慣行の集まり

言葉もフレームワークの一種です。たとえば、リンゴ、と聞いたとき、色・形・匂いなど多少の違いはあれ、リンゴのイメージが即座に浮かびます。これを、「バラ科の落葉高木。ヨーロッパで古くから果樹として栽培され、日本には明治初期に導入された。春、枝頂に微紅色の五弁花をつける。果実はほぼ球形で、果皮は紅色・緑黄色など。果肉は花托が発達したもので、甘酸っぱく芳香があり、生食のほかジャム・ジュース・酒などにする。」（出所：大辞林）などと説明する必要はありません。すなわち、

何かの概念や考え方を自分なりに束ねて整理して、考えやすくするもの、覚えやすくするものがフレームワークという考え方です。

そして、自分が考えられるものは、人に伝えることもできるようになります。

たとえば、この章の「7＋1の力」というのも、私なりにどうしたらビジネス思考力ということを分解して、人に伝えられるかということを考えてつくったフレームワークです。

第一章で少し触れた、「六つの思考レベル（知識→理解→応用→分析→統合→評価）」もフレームワークです。

こういったフレームワークの話をすると、できるだけ多くフレームワークを教えてください

とよく言われます。もちろん、教えることはできるのですが、**大事なことは、自分でフレームワークをさまざまな経験や学びのなかから一つでも多く見つけだして、頭の中で整理し、さらに新しいフレームワークを自分でつくっていくこと**です。

フレームワークは言葉を紡ぐことと同じです。概念を言葉に昇華することで、新しい考え方や知識を身につけることができます。同様に、できれば、フレームワークも一つひとつ、自分で見つけていってほしいと思っています。

基本的なフレームワーク21選！

とはいえ、ここでフレームワークを示さないのはたいへん不親切なので、代表的なフレームワークでふだん私がよく使っている基本的なものを、二十一ほど例示しておきます。

①空・雨・傘

情報を事実→解釈→行動に分解して、思考を深める。

②戦略の３C

戦略を立てる際に、自社（Company）、競合（Competitor）、顧客（Customer）を考えて、バランスよくリソースを傾ける。

③マーケティングの４P

マーケティングを行う際に、競合や顧客への施策を価格（Price）、製品（Product）、チャネル（Place）、広告宣伝（Promotion）に分けて施策を立てる。

④5W+1H

戦略を立てる際に、なぜ（Why）、何を目的に（What）、誰と（Who）、どの分野で（Where）、いつのタイミングで（When）、どうやって（How）行うのか、まとめる。また、簡略化して、Why, What, Howだけ使うこともある。

⑤ＰＤＣＡサイクル

戦略を立てる際には、計画（Plan）→実行（Do）→検証（Check）→是正（Action）→再び計画に戻るサイクルを、なるべく速く繰り返すことが有効。

⑥採用者分布曲線

新製品はイノベーター、オピニオンリーダー、アーリーマジョリティ、レイトマジョリティ、ラガードの順に普及するので、そのときごとに戦略の重点を変える。

⑦製品進化のトライアングル

製品・サービスの浸透過程において、最初は製品の機能が差別化の要因であり、その後チャネルに移り、最後はブランド力が勝負になるという流れを意識する。

⑧CTQ（シックスシグマ）

CTQ（Critical to Quality、品質評価上、もっとも重視される点）を見極め、その品質を数値で測定、評価できるようにしたうえで、どうすればより品質を高められるのか分析し、改善する。

⑨戦略キャンバス

横軸に競争要因を、縦軸にレベルを表し、自社の取り組みと他社の取り組みを比較する。「ブルー・オーシャン戦略」で有名。

⑩ 事業の優先順位づけマトリクス

縦軸に自社の強み、横軸に市場の魅力度をとり、自社が強くて市場の魅力度が高い分野を探す。

⑪ バリューチェーン

製品・サービスを市場に届けるまでの、研究→開発→調達→生産→流通→販売→アフターサービスの流れを横軸に、自社と競合を縦軸にとって、足りない点や競合優位性を探る。

⑫ 所得金額階級別世帯数の相対度数分布

縦軸に世帯所得を、横軸にそれぞれの所得ごとの世帯数（%）をとって、製品・サービスの価格ごとの市場の大きさを測る。

⑬ 人口分布曲線

年齢ごとの人口数を把握し、年代ごとのマーケットの大きさを推定する。

⑭ Will-Skillマトリクス

人をやる気（Will）と能力（Skill）について、それぞれ高い低いで分けると、四つに分類できる。それぞれ対応のしかたを変えることで、効率的なコミュニケーションがとれる。

⑮ SWOTマトリクス

戦略を立てる際に、自社の強み（Strength）、弱み（Weakness）、機会（Opportunity）、脅威（Threat）を分析して、意思決定の際の参考とする。

⑯ 影響要因（Forces at Work）

外部の変化について、サプライチェーンの変化、デマンドチェーンの変化、技術ショック、新規参入、代替物の可能性などについてまとめる。

⑰ 組織の7S

効率的な組織をつくるため、戦略（Strategy）、共通するミッション（Shared Value）、構造（Structure）、制度（System）、社員（Staff）、技術（Skill）、組織風土（Style）のバランスをとる。

⑱ 緊急度と重要度のマトリクス

縦軸に重要度、横軸に緊急度をとって、それぞれの事象ごとの時間配分のバランスをとる。私の『無理なく続けられる年収10倍アップ時間投資法』の基本コンセプトでもある。

⑲ ＰＰＭ分析

縦軸に市場の成長率、横軸にマーケットシェアをとって、製品のライフサイクルを管理する手法。問題児、スター、負け犬、金のなる木などキャッチーな名称で有名。

⑳ ＶＲＩＯ分析

企業が戦略を立てる際に、自分たちのリソースについて、経済的価値（Value）、希少性（Rarity）、模倣困難性（Inimitability）、組織能力（Organization）の観点から、内在価値を探る。

㉑ 水平思考の六つの帽子

ものごとを見るときに、わざと立場を変えてみて（＝かぶる帽子を変えて）判断することで違った見方を得る手法。会議などで用いる。

白　事実（事実認識）　客観的に事実を受け入れる
赤　感情（直感）　直感的に判断する
黒　批判（リスク思考）　批判的な意見（クリティカル・シンキング）
黄　楽観（プラス思考）　楽観的な意見（プラス思考）
緑　創造（創造的思考）　創造的思考
青　概観（全体整合）　全体を俯瞰する

1 空・雨・傘

情報を事実→解釈→行動に分解して、思考を深める

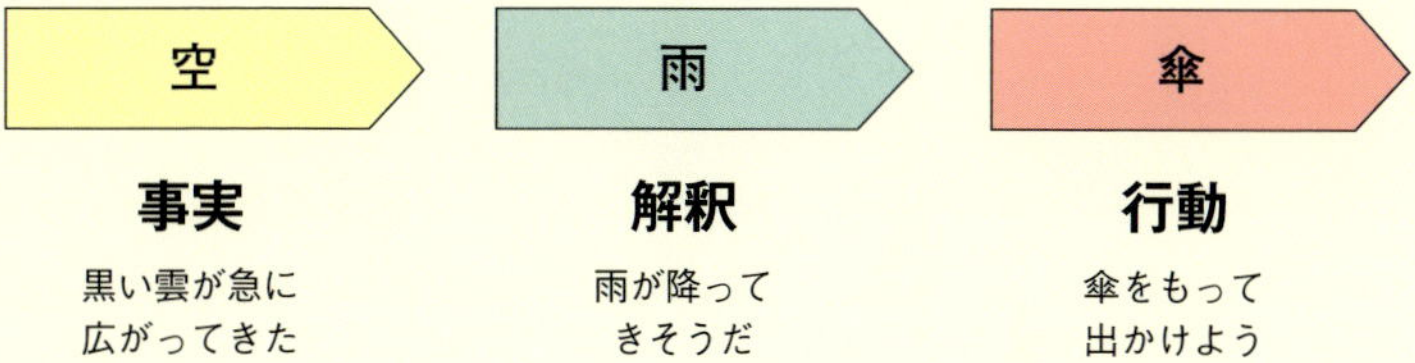

2 戦略の3C

戦略を立てる際に、
自社（Company）、
競合（Competitor）、
顧客（Customer）を
考えて、バランスよく
リソースを傾ける

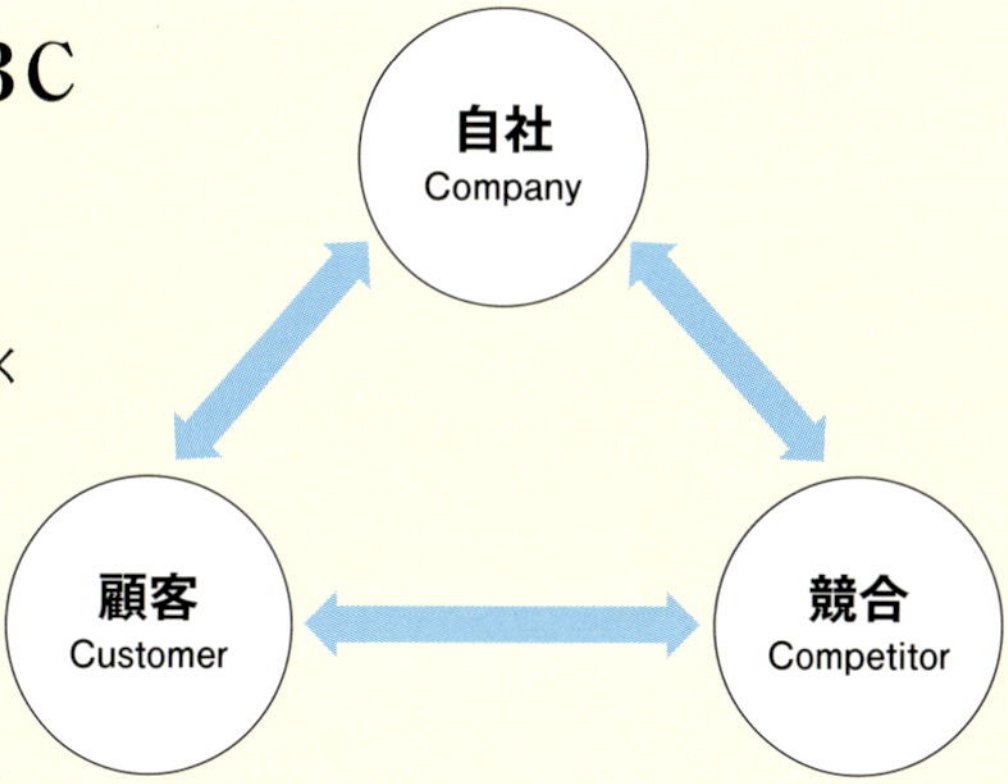

3 マーケティングの4P

マーケティングを行う際に、
競合や顧客への施策を価格
(Price)、製品（Product)、
チャネル（Place)、広告宣
伝（Promotion）に分けて
施策を立てる

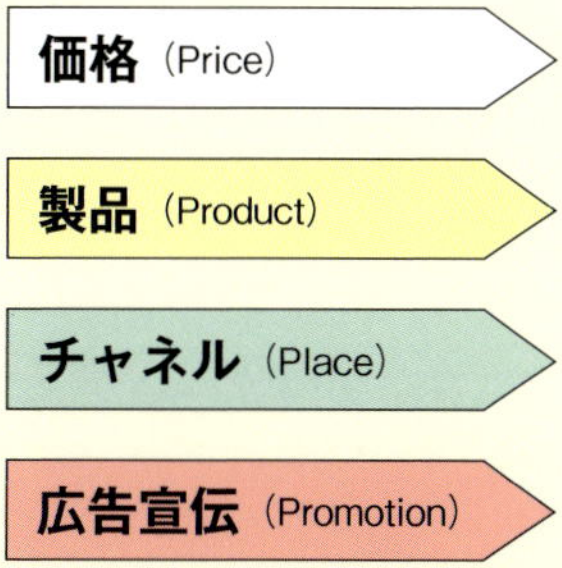

4 5W+1H

新規事業や戦略を計画する際に、5W＋1Hのフレームを基本に行うとモレ・ブレが少なくなる

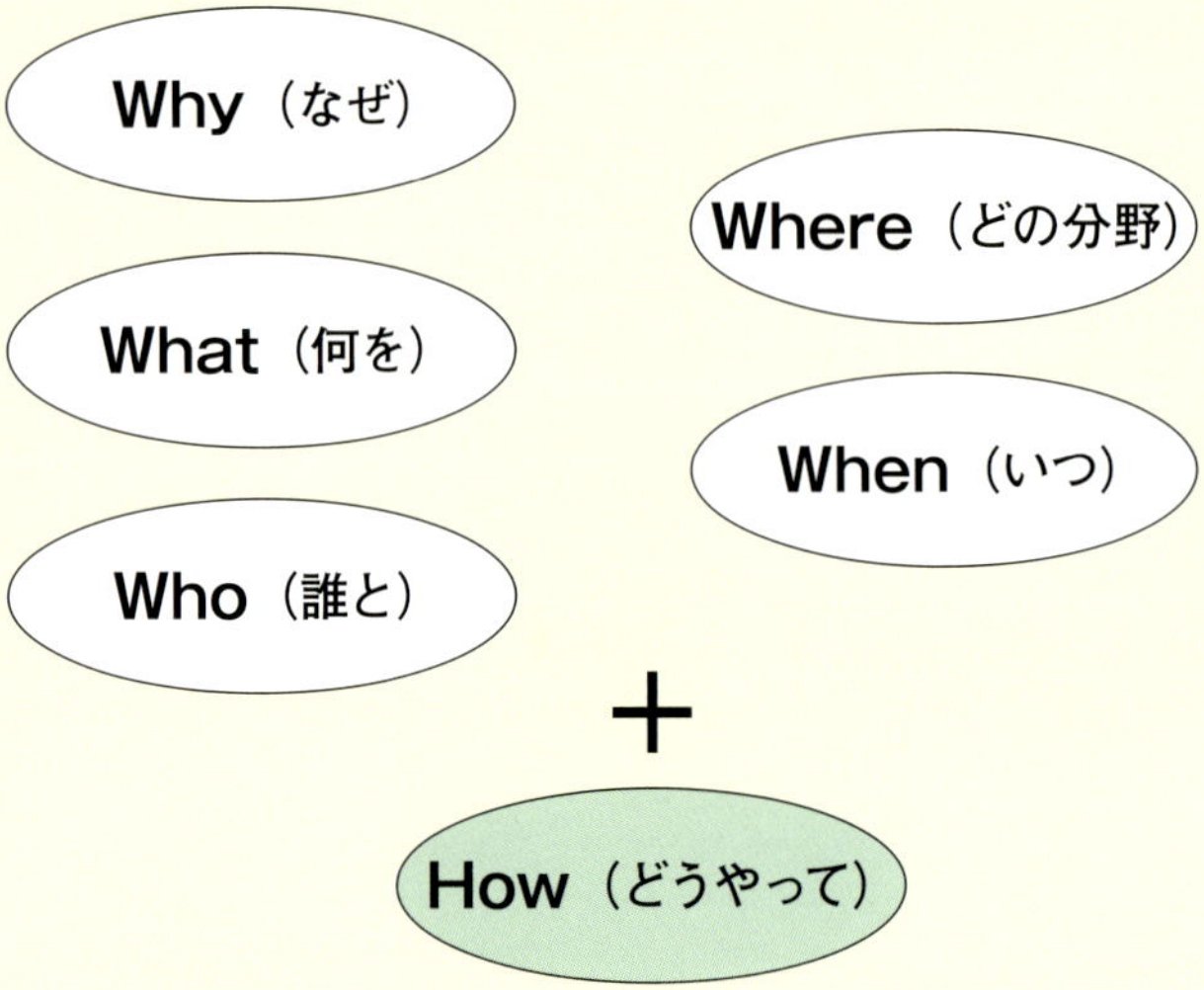

5 PDCAサイクル

戦略を立てる際に、仮説を計画として立て、実行し、その結果をもって新しい計画につなげる

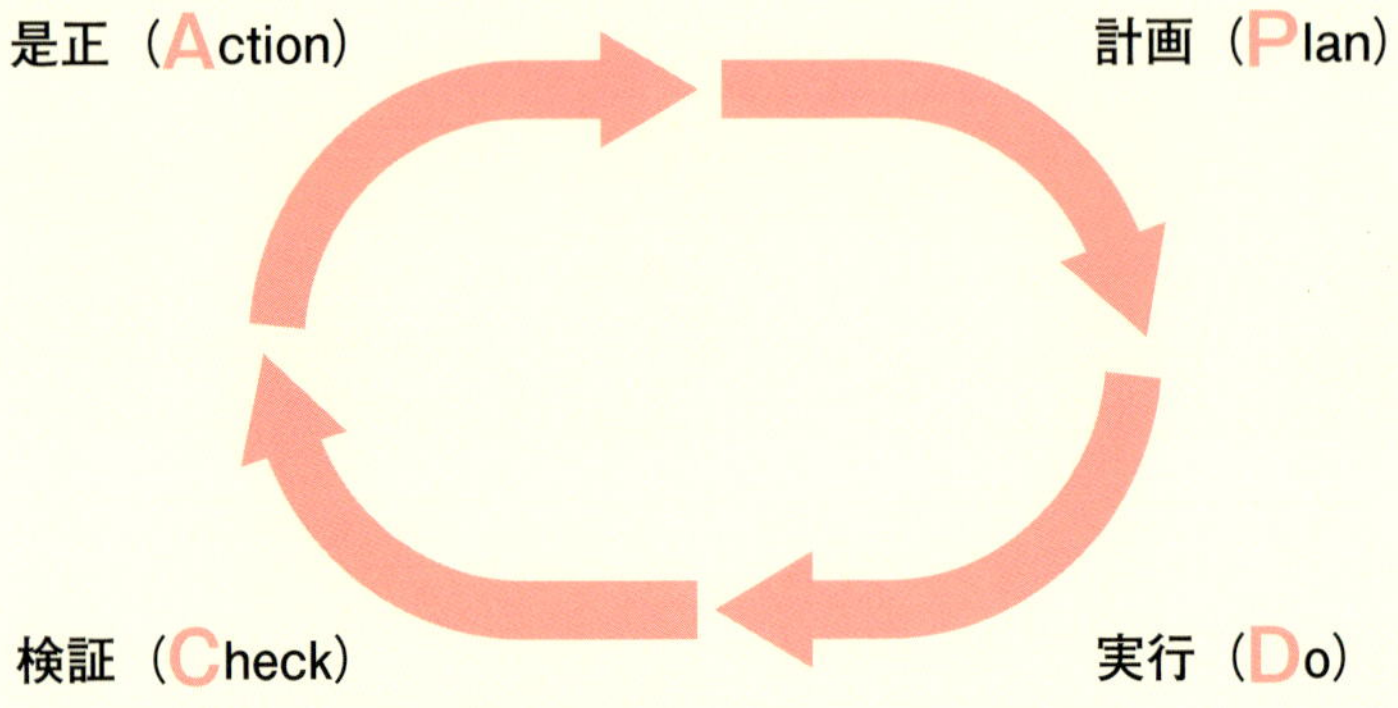

6 採用者分布曲線

新製品はイノベーター、オピニオンリーダー、アーリーマジョリティ、レイトマジョリティ、ラガードの順に普及する

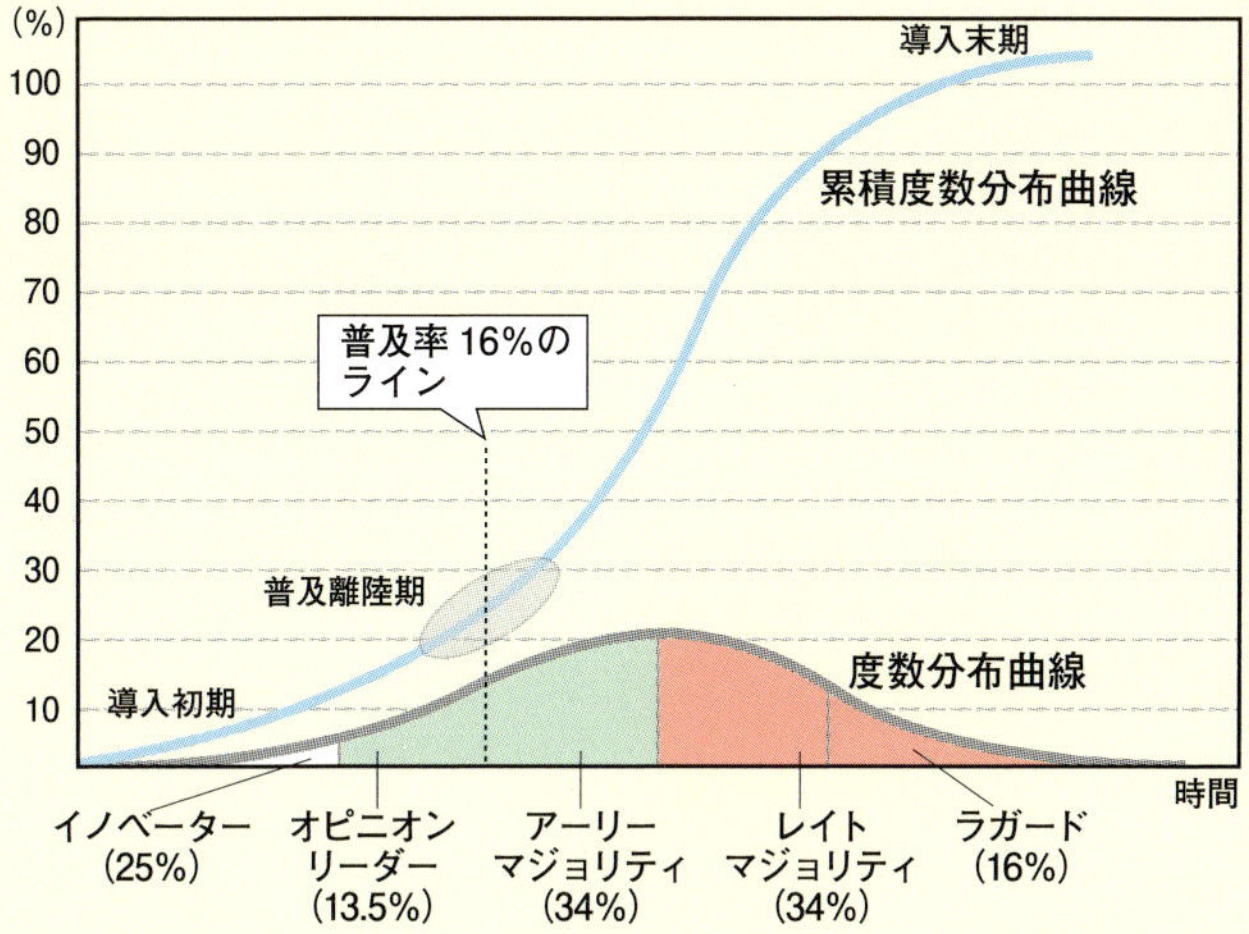

7 製品進化のトライアングル

最初は製品の機能が差別化の要因であり、その後チャネルに移り、最後はブランド力が勝負になる

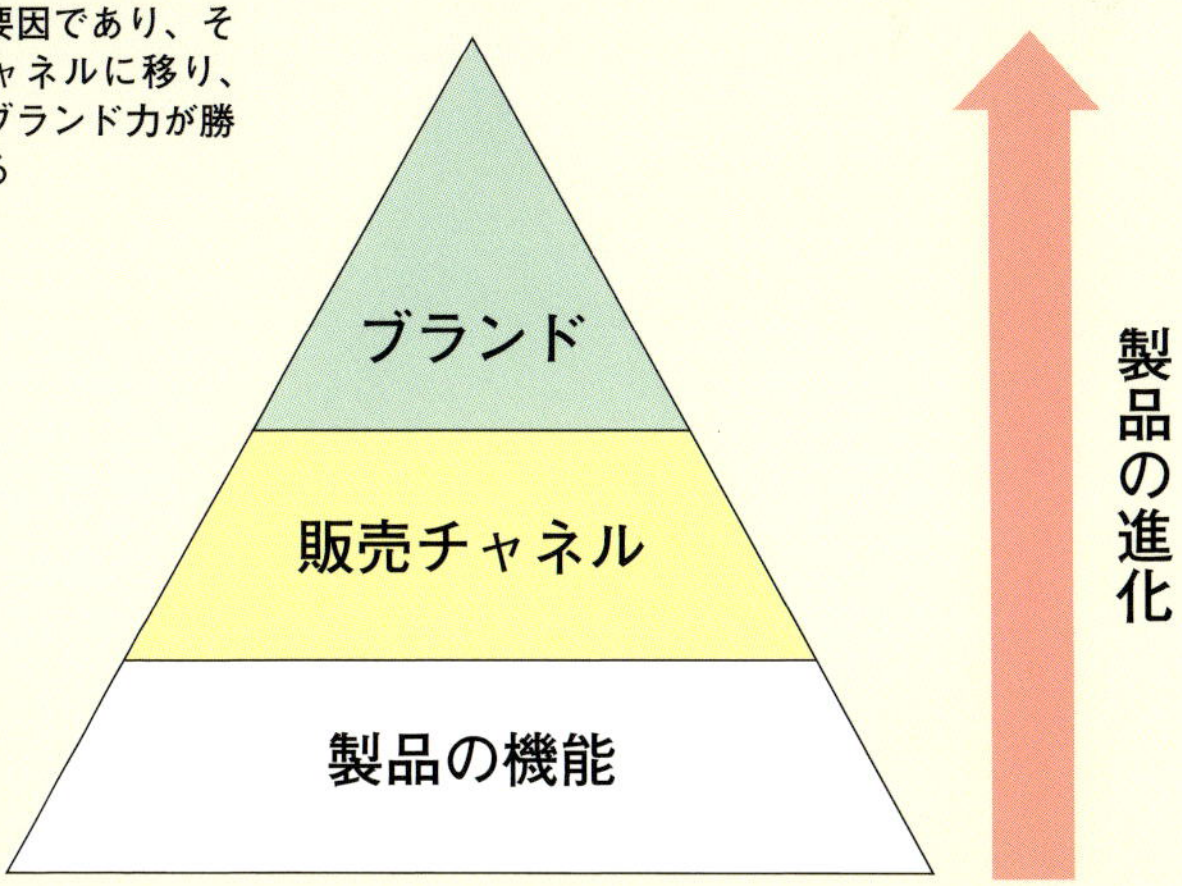

8 CTQ（シックスシグマ）

CTQ（経営品質を評価するうえで、決定的な意味を持つ数少ない要因）を特定することで、品質向上につなげる

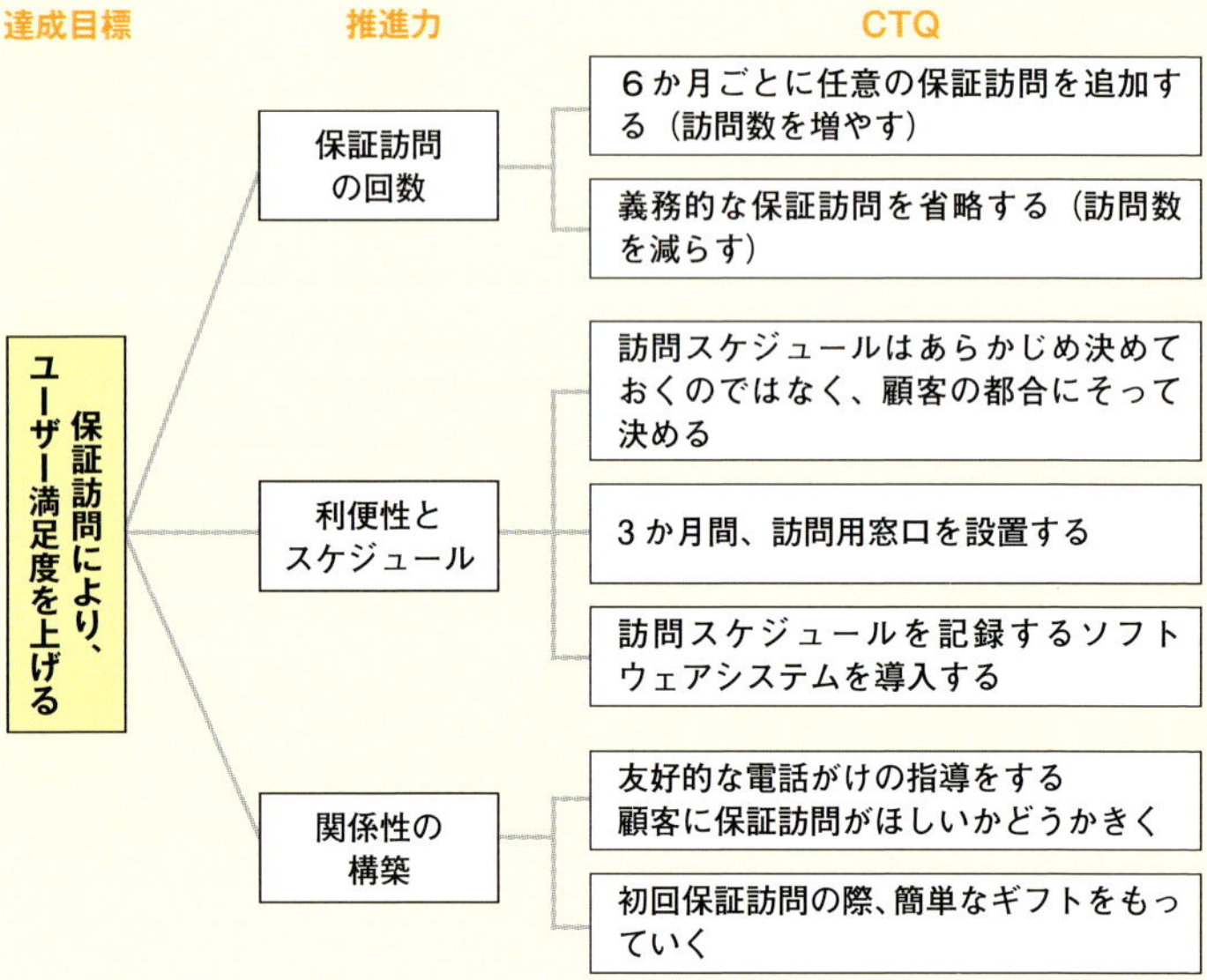

9 戦略キャンバス

横軸に競争要因を、縦軸にレベルを表し、自社の取り組みと他社の取り組みを比較するのに用いる

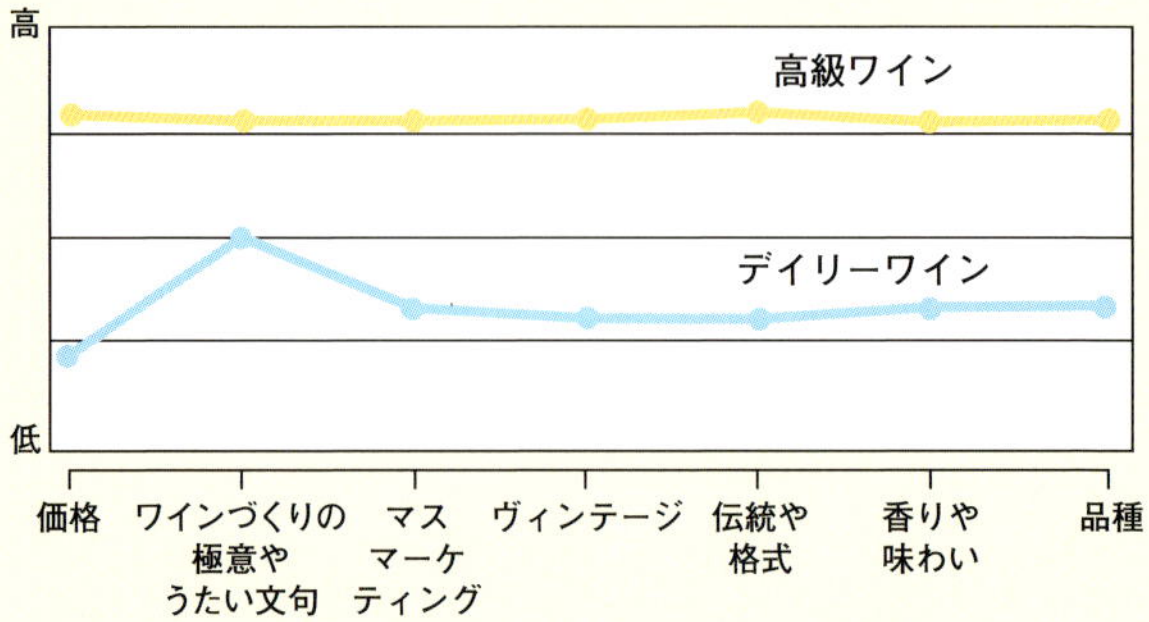

ブルーオーシャン **戦略キャンバス**
アメリカのワイン業界の戦略キャンバス

10 事業の優先順位づけマトリクス

縦軸に自社の強み、横軸に市場の魅力度をとり、自社が強くて市場の魅力度が高い分野を探すのに用いる

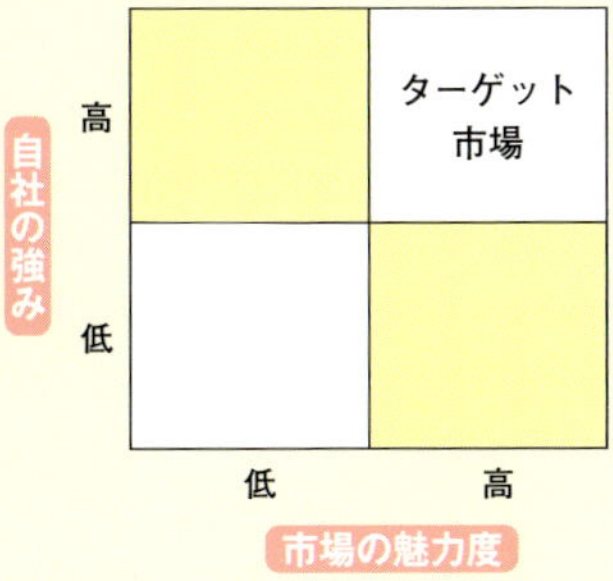

11 バリューチェーン

横軸に製品・サービスを市場に届けるまでの流れを、縦軸に自社と競合をとって、自社に足りない点などを探るのに用いる

	研究	開発	調達	生産	流通	販売	アフターサービス
自社							
競合							

12 所得金額階級別世帯数の相対度数分布

縦軸に世帯所得を、横軸に世帯数 (%) をとって、市場の大きさを測るのに用いる

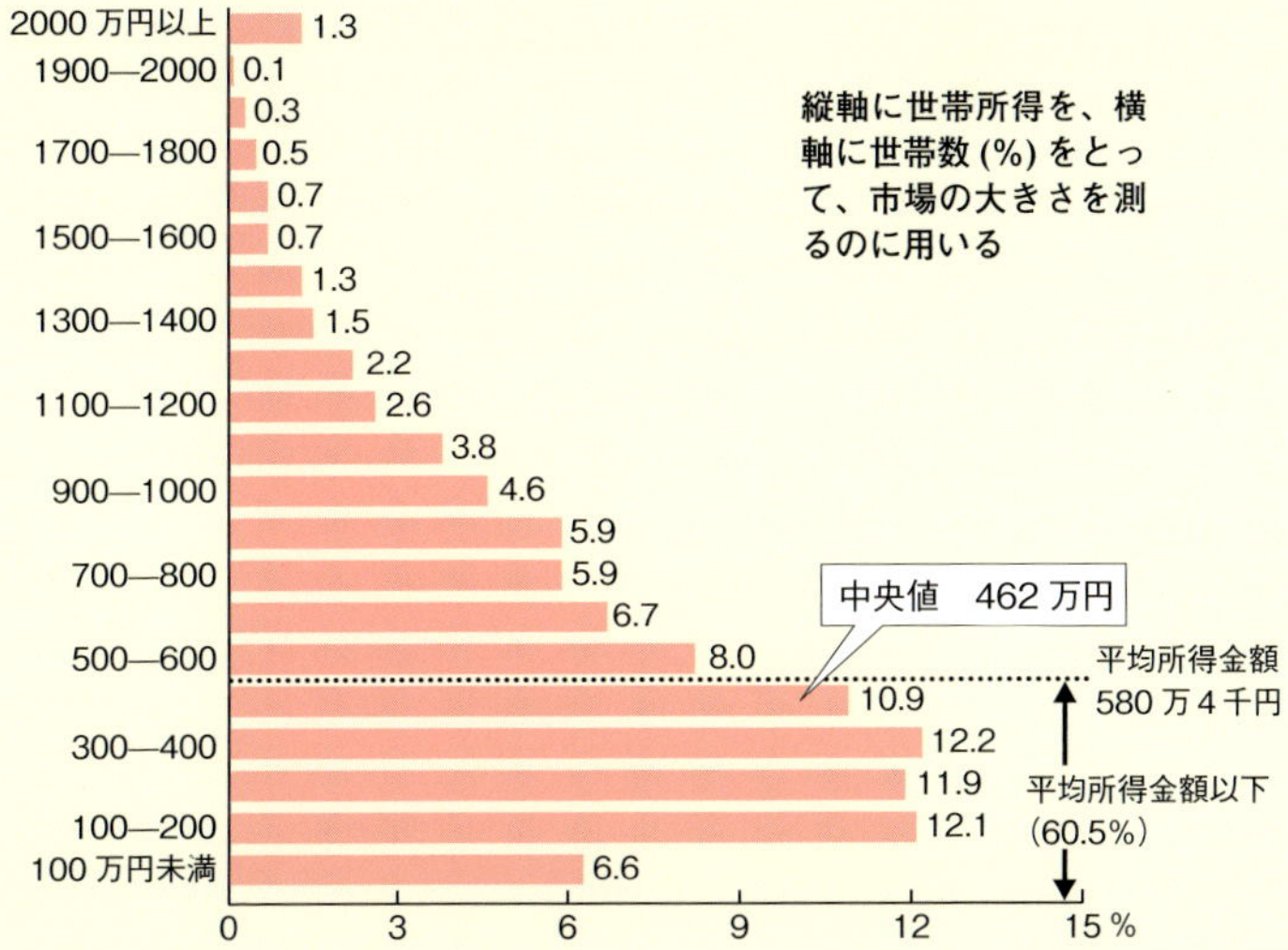

13 人口分布曲線

年齢ごとの人口数を把握し、年代ごとのマーケットの大きさを推定するのに用いる

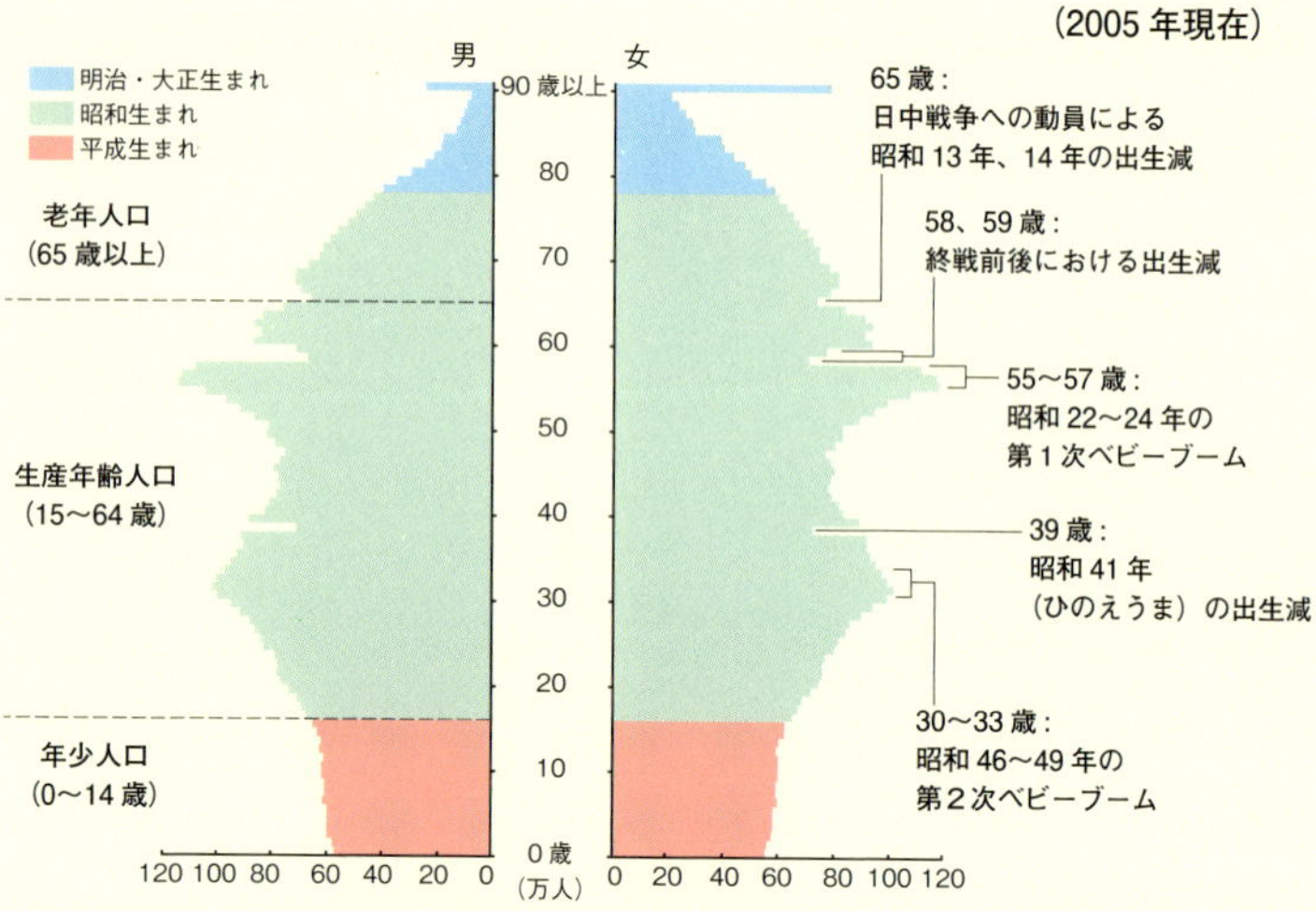

注）90歳以上人口は年齢別人口が算出できないため、まとめて「90歳以上」とした。

14 Will-Skill マトリクス

相手をやる気・能力で４つに分けることにより、効果的にその人に関わることができる

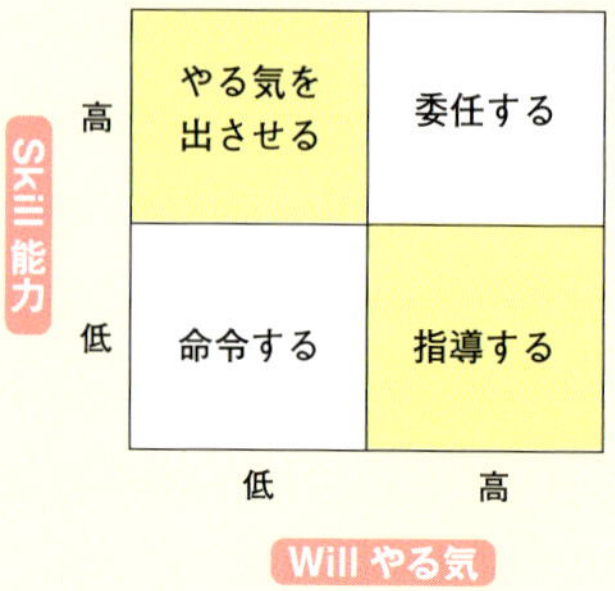

Skill 能力 \ Will やる気	低	高
高	やる気を出させる	委任する
低	命令する	指導する

15 SWOT マトリクス

自社の強み、弱み、機会、脅威を分析して、意思決定を行う際の参考とする

	自社要因	環境要因
プラス要素	Strength (強み)	Opportunity (機会)
マイナス要素	Weakness (弱み)	Threat (脅威)

16 影響要因（Forces at Work）

サプライチェーンの変化などの外部の変化についてまとめる

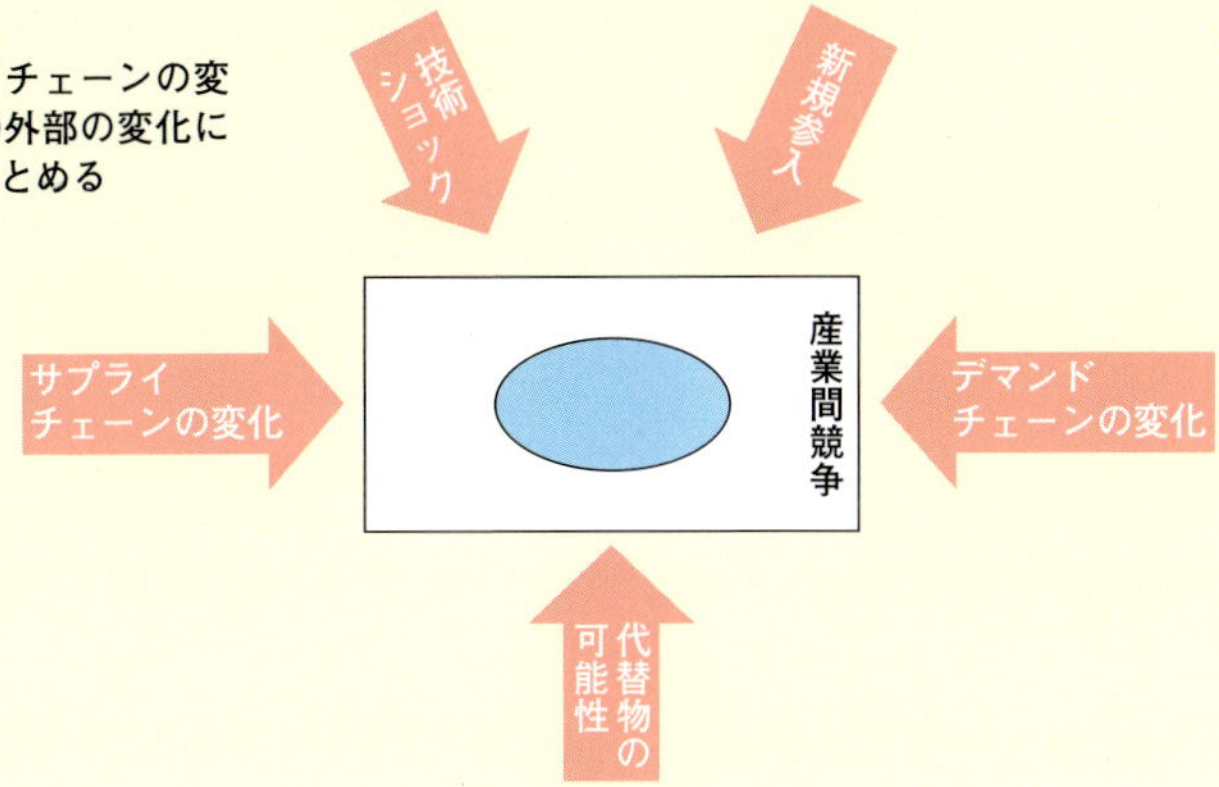

17 組織の7S

効率的な組織をつくるため、7つの要素のバランスをとる

▶ハードの3S◀

▶ソフトの4S◀

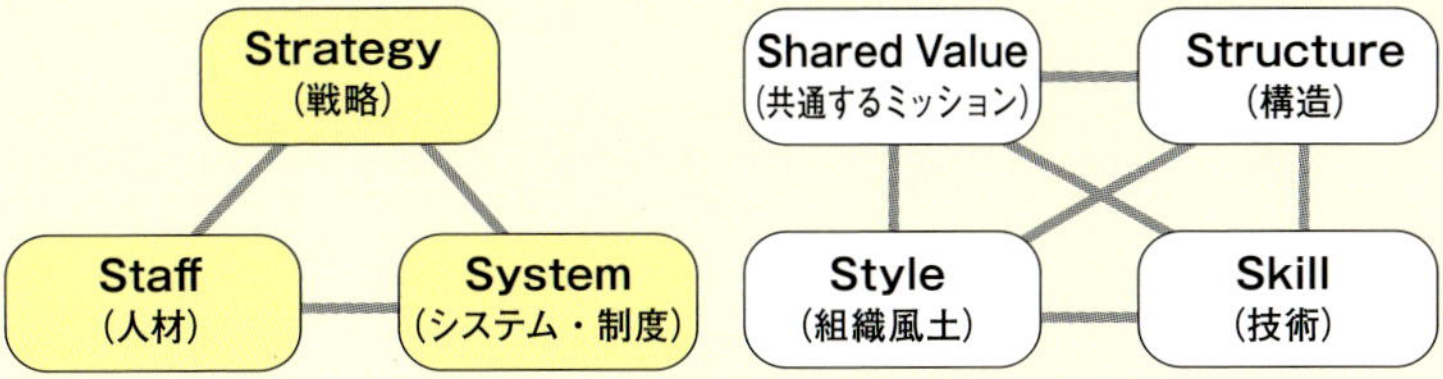

18 緊急度と重要度のマトリクス

時間を有効に使うために、重要度と緊急度の組み合わせで時間を4つのグループに分ける

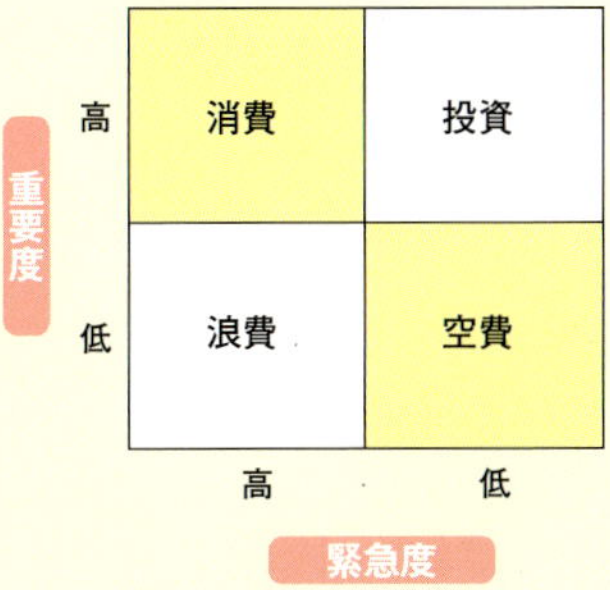

19 PPM分析

縦軸に市場の成長率、横軸にマーケットシェアをとって、製品のライフサイクルを管理する

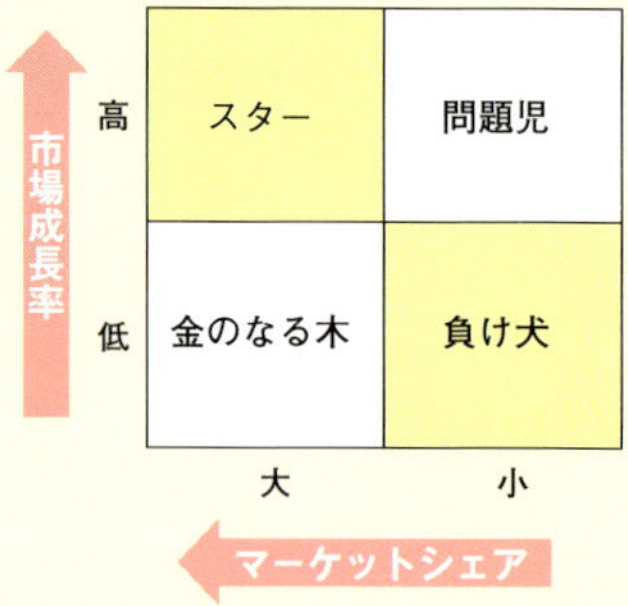

20 VRIO分析

自社のリソースについて、４つの観点から内在価値を探る

	調達	製造	流通購買	サービス
経済的価値（V）	○	△	△	◎
希少性（R）	△	○	×	△
模倣困難性（Ｉ）	◎	△	×	○
組織能力（O）	△	○	△	×

21 水平思考の6つの帽子

わざと立場を変えてみて（＝かぶる帽子を変えて）判断することで違った見方を得る

客観的に事実を
受け入れる

直感的な判断

批判的な意見
（クリティカル・シンキング）

楽観的な意見
（プラス思考）

創造的思考

全体を俯瞰する

さて、ここまできて、ひとつ気づいたことがあると思います。それは、このフレームワーク、やたらと横文字が多いということです。もともと、フレームワーク自体も英語です。

理由は簡単で、世界中の英知の結集として、さまざまなフレームワークが提案され、その中で生き残ってきたものだからです。人口分布から考えても、日本人が発明したフレームワークと、海外から輸入された英語のフレームワークとでは、後者のほうが多くなって当然でしょう。

したがって、ビジネス思考力をつけるためにはフレームワークを多く覚える必要がありますが、そのとき、英語ができたほうが、ずっとずっと便利です。なぜなら、英語を日本語に変換する手間がなく、それだけ思考プロセスが削減され、結論を出すのが早くなるためです。また、海外で話題の書があったときにいち早くそれを読むことで、新しいフレームワークを手に入れることもできます。

いずれにしても、**フレームワークをたくさん持つということは、頭の中でさまざまな情報を処理し、判断し、意思決定を行う際に、その場に応じて最適な道具を使えるということ**です。家を建てるときに、さまざまな材料と道具があったほうがより立派で丈夫な家が短時間で建つのと同じことで、新しいアイデアを組み立てるときには、その材料となるフレームワークをどれだけ持ち、またそれを組み合わせて使えるフレームワークをどれだけ持っているかで、効率が大きく変わってしまうのです。

既存のフレームワークから新しいフレームワークをつくる

そのほか、よく聞かれるのが、フレームワーク思考に頼ると、思考力が鈍ってしまうのではないかという質問です。私もはじめ、そういう懸念を持ちました。しかし、三十歳のとき、当時の直属の上司で、さまざまなフレームワークをつくる技術に長けていた方から、忘れられない言葉を聞きました。

その上司の方は、毎日毎日、さまざまな資料をメディアから取り寄せ、それをフレームワークに応じて整理して、周りの人と情報を共有する達人でした。私のビジネス思考や情報整理に関する多くの基礎は、その方のもとで働いていたときに、彼の言動を見よう見まねで学んでいったことに起因すると思います。

その上司が、あるとき、「どうやったらフレームワークをそんなに多くつくれるのですか?」と何気なく尋ねた私に、次のことを教えてくれたのです。

「いつも、いろいろな情報をフレームワークに当てはめて、理解してみるんだよ。でもね、だんだんとフレームワークに入りきらない情報が出てくる。そういったフレームワークからはみ出た情報を意識して集めてみると、自分のわかっていることの範囲外のことでこう

いうことが起きているのだ、ということがわかるんだ。そして、そのはみ出た情報を再整理すると、新しいフレームワークになるんだよ」

この話をしたあとの、その上司の「あ、いけない、秘密をしゃべっちゃった」と言って見せたお茶目な顔を、今でもよく覚えています。

つまり、**フレームワークは思考をより活発化し、助けるために存在するのであって、思考をさぼるために存在するものではない**ということです。その点を勘違いすると、また、さまざまなフレームワークだけを集めて暗記するような「教えて君」メンタリティになってしまうので、それだけは注意してください。

書籍の知恵をフレームワークで整理するクセをつける

フレームワークを生かすという意識があると、書籍の読み方も変わってきます。たとえば、私が好きな本に、『The Tipping Point』（邦題『急に売れ始めるにはワケがある―ネットワーク理論が明らかにする口コミの法則』）というものがあります。これは、なぜ流行るものと流行らないものがあるのか、流行したものはどのような経緯で爆発的に流行したのかを、実例から分析した本です。

この本の内容をひとことで示すと、以下のフレームワークになります。

①少数の目利きに影響を与えること
②その内容が記憶に粘ること
③ちょっとした「こと」が行動変化を手助けすること

逆にいえば、三六〇ページもあるこの本の中から、この内容だけを**フレームワークとして残しておけば、もうそれで本の読み方としては必要十分なのです。**

このフレームワークは、自分の本を売ろうと考えたときにとても役に立ちました。具体的には、『無理なく続けられる年収10倍アップ勉強法』のときに次のようなことが起こりました。

①少数の目利きに影響を与えること

アルファブロガーや書籍の編集者さん、そして特定のリーダーの方から出版直後から強い支持がありました。たとえば、レバレッジシリーズで有名な本田直之さんから、当時無名の著者であった私にコンタクトがあったのも、この本が出てわずか一週間足らずでした。

② その内容が記憶に粘ること

当時は勉強法がたくさん出ているころでした。そこで狙ったのは、今では有名なフレーズになった「年収10倍アップ」です。ほとんどの人が、「ああ、あの10倍アップの人」ということで、記憶に粘っていたと思います。

③ ちょっとした「こと」が行動変化を手助けすること

これは、私があとで命名した「『はてブ』トルネード」です。起こることはまったく想定外でしたが、実際、少数の目利きからアマゾンへ、そしてリアル書店へと波及していきました。

フレームワークに落とし込むことで、新しいことでも柔軟に対応できるようになりますし、逆に、起こったことにも、何が起きたのか頭の中で整理がしやすくなるという例です。

同じように、私が好きな『誘惑される意志』も、**「双曲割引」**（目先の短期的な誘惑に弱く、将来のことは逆に割り引いて考えてしまいがち、という人間の行動を表したもの）というフレームワークの概念さえつかんでしまえば、それで十分です。

逆にいえば、良書というのは、あとあと実生活で役に立つフレームワークをいかに私たちに残してくれるか、伝えてくれるかというのがポイントになるのだと思います。私が、**「Giveの5乗」**とか**「仏教の三毒」**など、多くのことにいろいろと名称をつけているのは、そうすることによって、**フレームワークとして頭に残りやすくなるため**です。

つねに、いろいろな情報・思考はフレームワークに沿って整理して考えて、アウトプットする習慣をつけていくことが大事です。

「○○○力」とは何を示すのか、というと

また、この本には、「フレームワーク力」をはじめ、さまざまなところで「力」という言葉を使っています。では、この「～力」というのは何を示すのか、もう一度整理しておきましょう。再び大辞林を引きますと、さまざまな力の定義が出てくるのですが、ここで私が言っている力は、次のとおりになります。

(4) 何かをしようとするときに役に立つもの。

（ア）行動のもとになる心身の勢い。気力・体力。精気。

「目的達成に向けて―をふるいおこす」「さぞお―を落とされたことでしょう」

(イ) 修得・取得した、物事をなしとげるのに役立つ働きをするもの。能力。

「国語の―が弱い」「対戦相手の―を分析する」

(ウ) 支え。よりどころ。

「子どもの成長を―にして生きる」「不幸な子どもたちの―になる」

平たくいうと、「能力」です。しかし、なぜ「力」といっているかというと、単に能力だけではなく、先述の意味の前後にあるような「気力・体力・精気」といったニュアンスや、「支え・よりどころ」といった意味を加えたいからです。だから、いろいろな種類のスキル、たとえばフレームワークについて、**「フレームワーク力」**という言葉を使っています。

すなわち、すべてに「力」をつけているのは、このスキルを使って実生活にひとつでも多く、ぜひ役立ててほしいとの願いからです。

何に役立てるかということについての例は、第一章に「五つの果実」ということで示しましたが、必ずしもそこにこだわる必要はないと思います。ただ、「力」という言葉に、「実践で役立てるものである」という目的を込めたという私の考え方をぜひ意識していただければ幸いです。

第3章

一つめの力
論理思考力
Logical Thinking

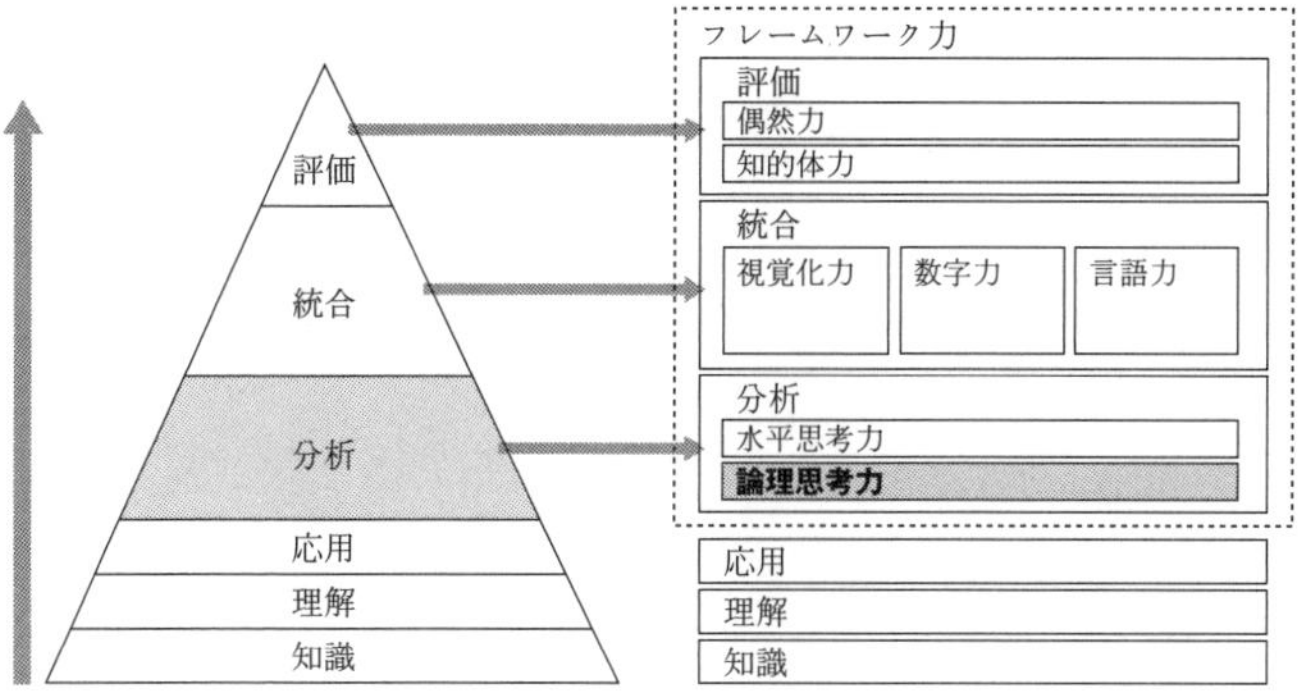

論理思考力をわかりやすくいうと

そもそも、「論理」って何？

最初は、論理思考力です。ロジカル・シンキングという横文字でも、すっかりおなじみになりました。細かいところに入る前に、まずは「論理」とは何かを整理しておいたほうがいいでしょう。

論理とは要は、「風が吹けば桶屋がもうかる」について考えるものです。

すなわち、**一見ランダムに見えるような事象、関係性が明確でない事象であっても、その事象を支配するなんらかの法則や関係性を導き、その関係性の中で、その場ではまだ明らかになっていない事象や将来の不確定事項について、高い確率で起こりうることを推察する方法**です。

地域差のないマクドナルドのプライシングはおかしいとか、この先、自転車が高い確率で流行るはずだ、などの私の予測は、すべて論理思考に基づくものです。すなわち論理とは、何か複数の事象についての因果関係を考察し、その関係性を表す考え方になります。

この論理が重要なのは、たとえばコンピュータにプログラムの指示を出すときです。みなさんもよく使っているGoogleやYahoo!などの検索エンジンには、実はこの論理思考が事細かに設定されています。

Googleにはページランクという概念があるのですが、これはページの人気度を指します。どうやって測っているかというと、人気のあるページからリンクを張られているページは人気があるはずだ、という計算をかなりの回数繰り返して決めています。だからこそ、Googleで検索をかけると、最初のほうに比較的求めている情報が出てきやすいのです。

しかも、このGoogleのやり方が画期的だったのは、Googleが登場した当時、人が仕訳をして並べ替えていたYahoo!よりも、よほど結果が的確だったためです。

これは、人間がランダムに見て検索して、一つひとつ検証するよりは、ある一つの論理（ロジック）を組んでしまって、それをコンピュータに分析させたほうがよほど理にかなった結果が出るという驚きでもあります。それくらい、有効な論理の力というのは強いのです。

マッキンゼーのようなコンサルティング会社の社員が、素人でありながら玄人の現場に乗り込んでいって、これまでに出なかったような解決策を提案できるのも、この論理思考の方法論がしっかりと根づいているからだといえます。

では、どうしたら、このような考え方が身につくのでしょうか。切り口は二つです。

切り口1 **基本となる三つのテクニック（MECE、ピラミッド・ストラクチャー、仮説思考）をしっかり理解する**

切り口2 **身につけるための四つの実践方法（日常業務で使う、論理パズルを解く、なぜ五回を考える、観察から仮説をつねに立て続ける）を繰り返し、量をこなす**

この二つの切り口を身につけ愚直に繰り返すことが、遠回りなようでいて、いちばんの近道です。

論理思考が身につかないという人は、**単純に質量が足りない**だけです。

コンサルティング会社で、毎日毎日これを行って、自分でフレームワークがつくれるようになるのに、早い人で半年、遅い人で三年かかります（ちなみに、私は二年かかりました）。

ですので、読者の方も少なくとも半年、できれば数年間、継続してほしいと思います。継続のための材料は大きなものでなくていいのです。たとえば、ふだん目にする車内吊り広告や風景、あるいはランチのメニューの選び方など、小さなことに問題を設定し、その解を考えていきます。たとえば、繁盛しているレストランがあった場合、なぜそのレストランは繁盛しているのか、そしてそれは利益につながっているのか、ということを考えるだけでも、とてもよい論理思考の訓練になります。

なお、論理思考については山のように書籍も出ていますし、情報もありますので、この本では、ふだん、私がＭＥＣＥをどのように使っているかという例と、ＭＥＣＥとはこんなイメージ、こんな感覚、というような、読者の方がより追体験をしやすいような構成を心がけたいと思います。

論理思考力を身につけるための三つの基本テクニック
ＭＥＣＥ＋ピラミッド・ストラクチャー＝仮説思考

① ＭＥＣＥに分類するクセをつける
② ピラミッド・ストラクチャーで展開する
③ すべての思考を仮説からスタートさせる

① ＭＥＣＥに分類するクセをつける

論理思考の基本は、**ものごとの関係性に気づくこと**です。このため、ふだんから対象とする事象を、最初は無理やりにでもいいですから、とにかく2×2とか3×3のマトリクスに分けて考え、アウトプットしてみることです。

そのためにもっとも基本となるのが、**MECE（ミッシー）**と**ピラミッド・ストラクチャー**です。ある意味、これさえ押さえてしまえば、他の手法はその応用編にしかすぎません。

では、MECEとは何でしょうか？　もうわかっている方にはしつこくて恐縮ですが、

Mutually Exclusive（相互に排他的で）
Collectively Exhaustive（全体としても漏れがない）

の頭文字をとったもの。要するに、**漏れなく、ダブりなく**、という概念です。

まずは、世の中の事象を、MECEな切り口を見つけて分類するクセをつけます。

たとえば、マーケティングの世界では、まず、消費者を年齢別に切るものですが、なぜ、年齢別の切り口が有効かというと、それはMECEだからです。二十五歳であると同時に三十一歳の人はいないし、どこにも該当する年齢がないという人はいないでしょう。しかも、嗜好や生活の優先順位のつけ方は、一般に、世代ごと、年代ごとに変わりますから、市場を論理的に

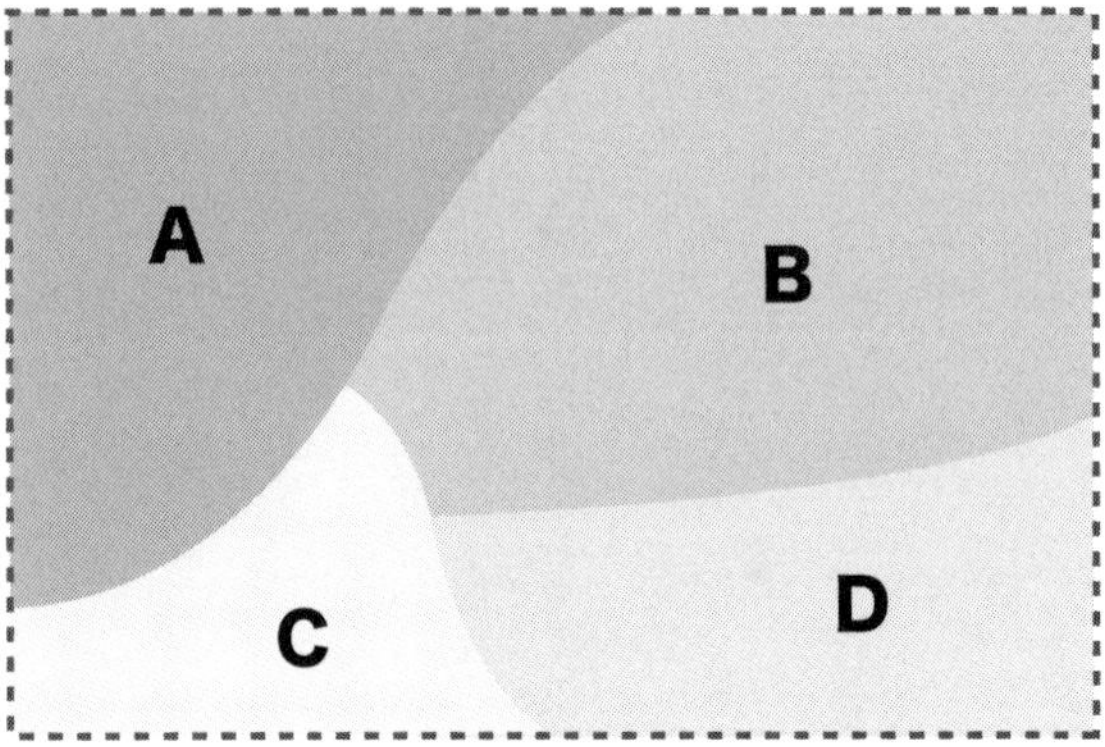

MECE（漏れなく、タブりなく）に分ける

分類するための方法としては、とても便利なのです。

ほかに、第二章で代表的な二十一のフレームワークの一つとして挙げたバリューチェーン（研究→開発→調達→生産→流通→販売→アフターサービス）も、MECEな切り口の一つです。

受験案内などで学校を男子校、女子校、共学校と分けるのは、それがMECEだからです。

企業を、従業員数別や資本金額別で分けることが多いのも、それがMECEだからです。

このように、

MECEは、ものごとを、
効率的に論理的に考えるための基本です。

MECEが何かということについては、Googleで検索すればいろいろ出てきますし、『ロジカル・シンキング』その他、名著がたくさんありますので、ここではこれくらいにしておきます。

まずは、MECEと聞くと、右のような図が頭に浮かぶようになったら、それで十分です。

そして、到達点は、**MECEでない切り口を見たら、気持ち悪いと思うこと！**です。

MECEなものとMECEでないもの

一方、たとえば、こんなアンケートに出合うと、私ははたと困ります。

「既婚・未婚」

うーーーん、結婚はしたことがありますが、今はシングルだし、さて、どちらに丸をつければいいのか……。

MECEではないからです。

また、アマゾンの本の分類の切り口は、次のページの表のようになっていますが、何をどう見ても、これはMECEではないわけです。とはいえ、アマゾンの場合は、バーチャルに紐づけができますし、一つの本が複数のカテゴリーに属していても問題がないのでいいのでしょう。それでも、たとえば拙書『お金は銀行に預けるな』は、新書・文庫のサブカテゴリーにはありますが、ビジネス・経済・キャリアのサブカテゴリーには入っていません。

文学・評論
人文・思想
社会・政治
ノンフィクション
歴史・地理
ビジネス・経済・キャリア
投資・金融・会社経営
科学・テクノロジー
医学・薬学
コンピュータ・インターネット
アート・建築・デザイン
実用・スポーツ・ホビー
資格・検定
暮らし・健康・子育て
旅行ガイド
語学・辞事典・年鑑
教育・学参・受験
こども
コミック・アニメ・BL
タレント写真集
ゲーム攻略本
エンターテイメント
新書・文庫
雑誌
楽譜・スコア・音楽書
古書
カレンダー
ポスター
アダルト

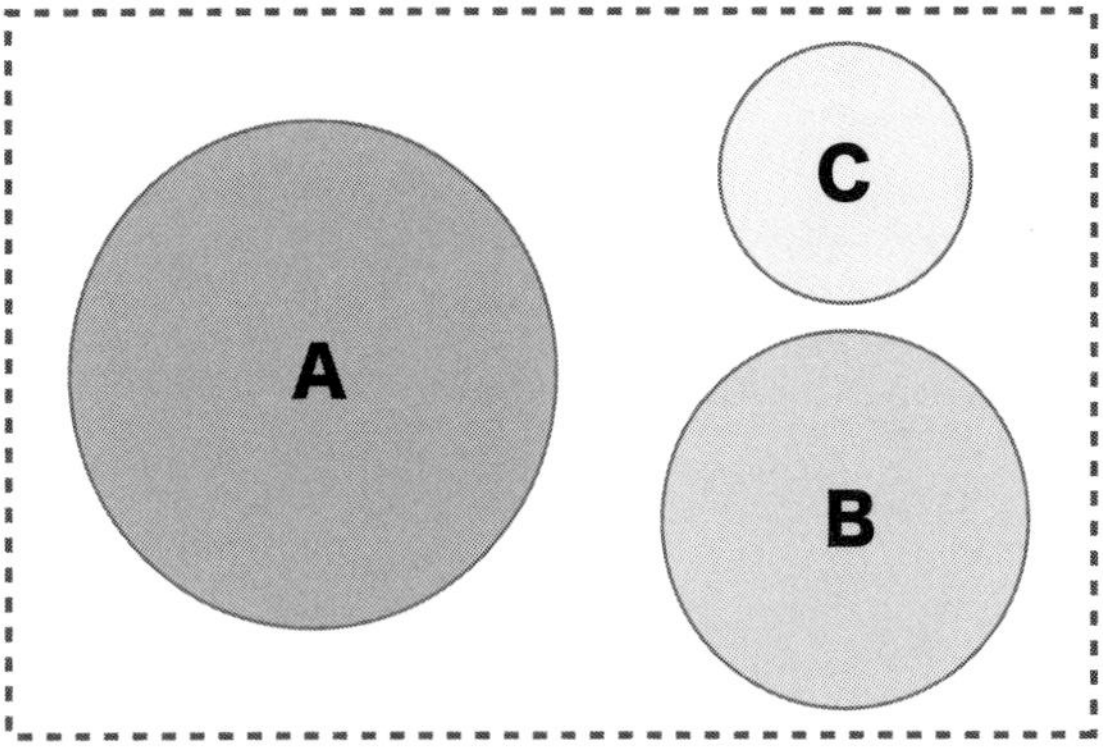

MECEではない（漏れがある）

また、第二章の代表的なフレームワークとして挙げたものでも、「戦略の3C」とか、「マーケティングの4P」「組織の7S」などは、疑似MECEであって、完全にはMECEではありません。

イメージでいうと、上の図のような感じです。

それでも、枠組みがないよりはよほど、大きな面積を押さえることができるようになります。

要は、手持ちのMECE切り口ネタが多いほど、ものごとをとらえるときに整理してとらえることができるということです。

2×2のマトリクスから、MECEをつくる

また、2×2のマトリクスはMECEをつくるときにとても有効な方法です。

次のページに挙げた図①は、私が『無理なく続けられる年収10倍アップ勉強法』をつくるとき・売るときのイメージをマトリクスにしてみたものです。ここで、アグレッシブ自己啓発系×オンライン中心のユーザーというのは、それまで狙ってきた出版社・著者があまりいない、しかも市場として大きく伸びてきている。だからこそ、まずはここで定評をつくってから、他のマーケットに波及効果を狙っていこう！　そういう戦略を立てたわけです。

一方、図②のマトリックスは、『お金は銀行に預けるな』を考えたときのものです。

MECEというと難しく感じますが、このくらいでいいのです。

何かを考えるときに、

最低限、2×2に整理する、
あるいは既存のMECEな切り口を使って整理する

ことが、論理思考力をつける基礎になります。

図①

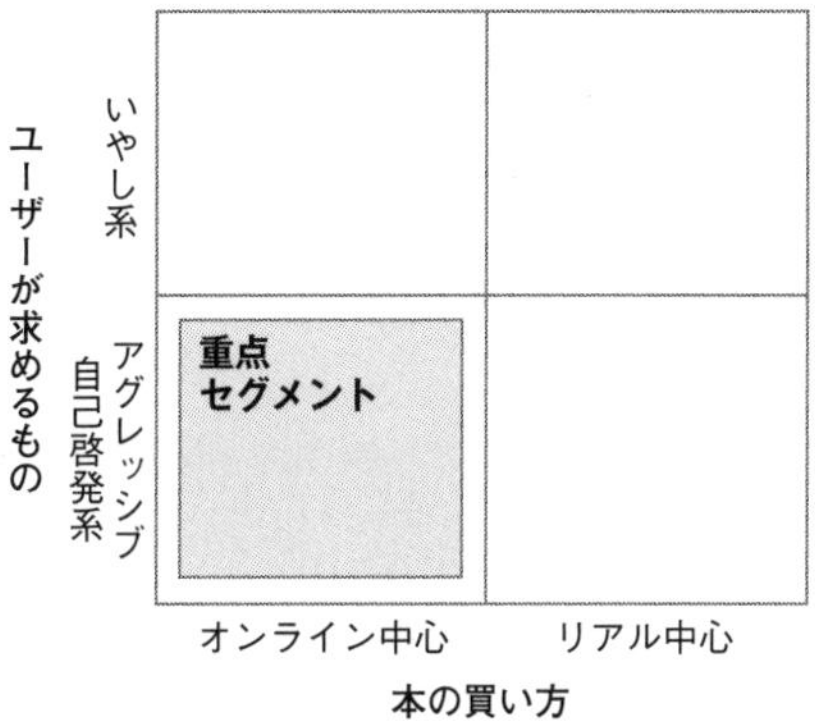
ユーザーが求めるもの
いやし系
アグレッシブ自己啓発系
重点
セグメント
オンライン中心
リアル中心
本の買い方

図②

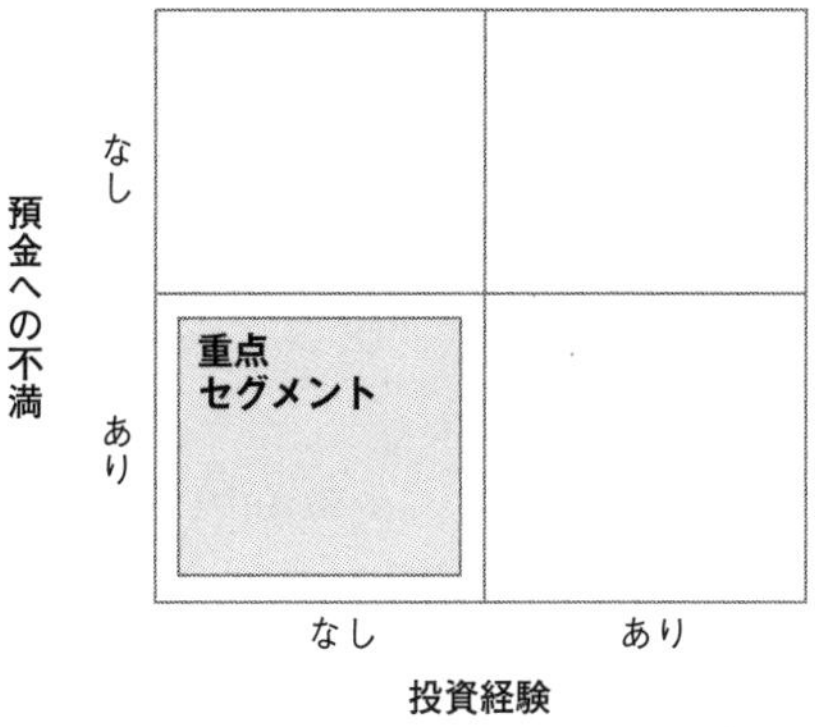
預金への不満
なし
あり
重点
セグメント
なし
あり
投資経験

② ピラミッド・ストラクチャーで展開する

MECEは二次元ですが、さらにこれをもとに課題を細かく展開したのがピラミッド・ストラクチャーです。ピラミッド・ストラクチャーはロジック・ツリーとも呼ばれます。

実はこの本も、第三章はピラミッド・ストラクチャーで構成されていることにお気づきですか？　下の図のような構造です。

より一般的な例で説明しましょう。

企業の収益を上げるという観点からピラミッド・ストラクチャーをつくると、左のようになります。このとき、最初の「売上向上」「コスト削減」はMECEですし、売上向上についての「既存顧客売上増」と「新規顧客売上増」もMECEです。

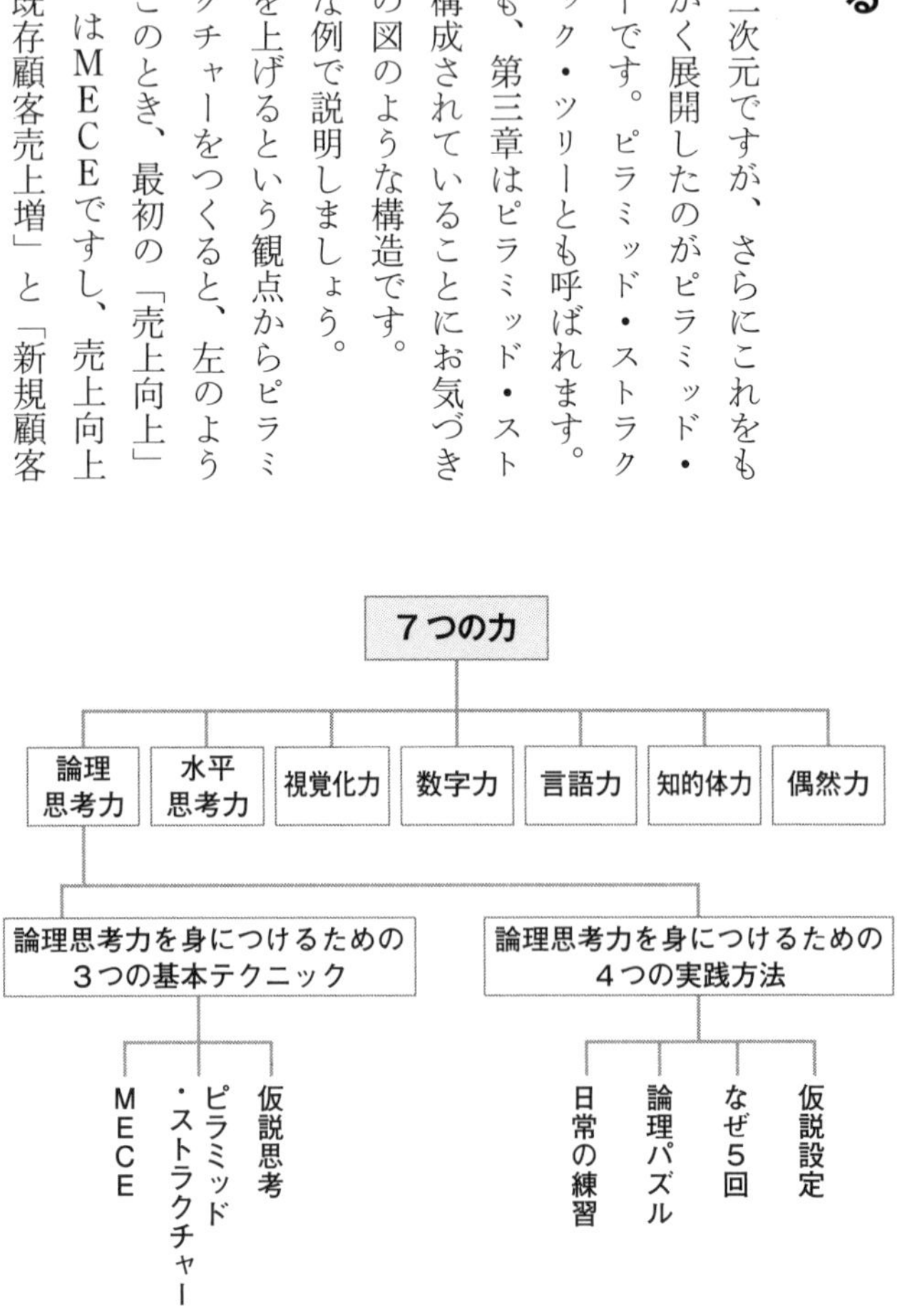

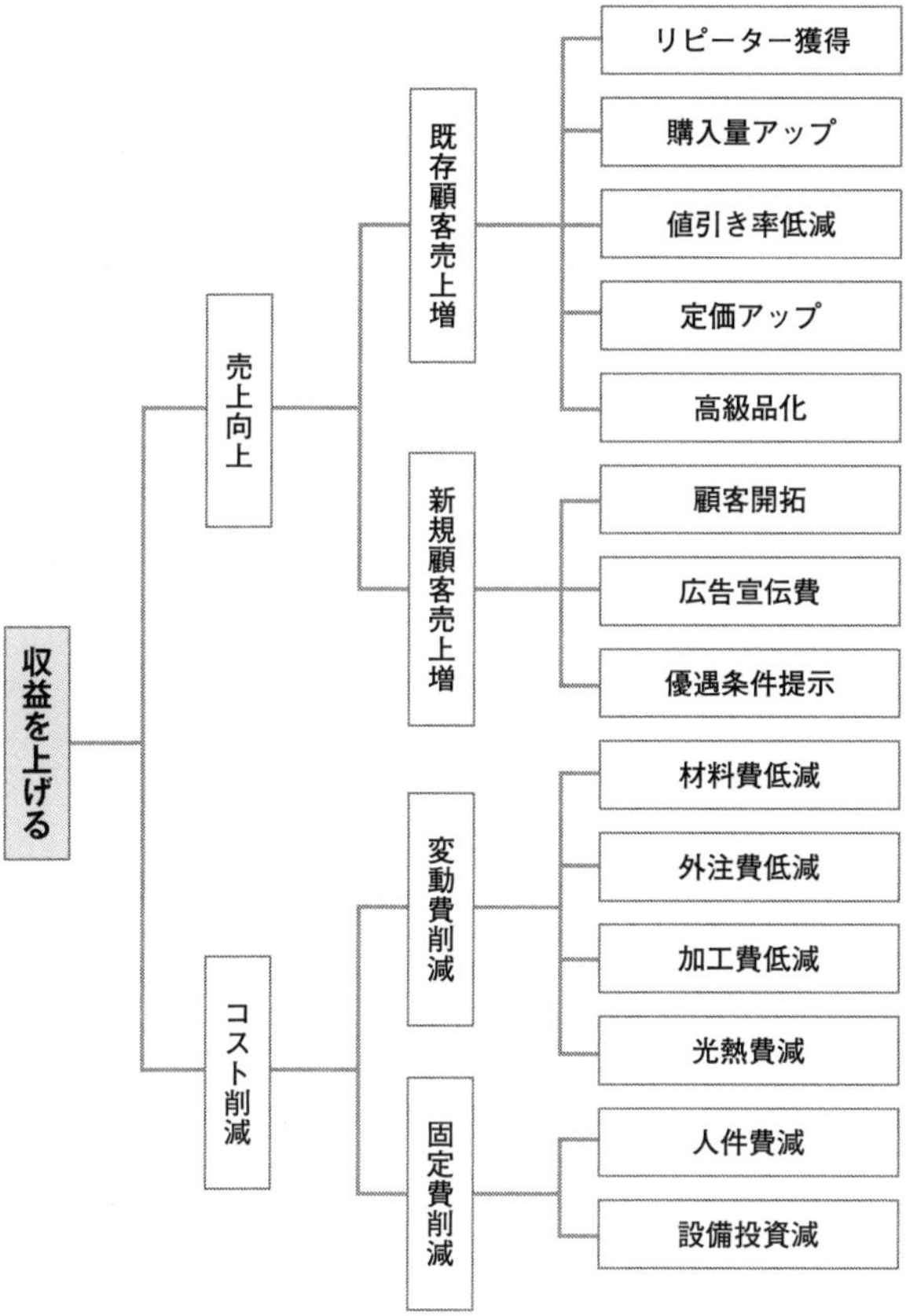
収益を上げる
売上向上
コスト削減
既存顧客売上増
新規顧客売上増
変動費削減
固定費削減
リピーター獲得
購入量アップ
値引き率低減
定価アップ
高級品化
顧客開拓
広告宣伝費
優遇条件提示
材料費低減
外注費低減
加工費低減
光熱費減
人件費減
設備投資減

ポイントは、

新しい知識を得たとき、新しい情報を得たときに、
いつでもどこでも、このようなMECEな階層構造をイメージできるか、分解できるか

ということです。

このような分解ができると、次のステップの「分析」がしやすくなり、**その後の「統合」、「評価」のプロセスにつながりやすくなります。**

なぜなら、売上を向上せよ、と言われても、すぐにアクションに結びつけられないのは、どこが問題なのかがわからないからです。このとき、**MECEに分解することができれば、迅速に現状を分析し、問題点を見つけることができます。**

「真実は細部に宿る」とは、コンサルティング時代のさまざまな上司から繰り返し繰り返し言われたことです。細かく、わかりやすくしてはじめて、次のステップにつながります。

③ すべての思考を仮説からスタートさせる

分解して満足して終わっていては、本末転倒です。なぜ分解するかというと、前項の最後にも触れたように、分析しやすくするためです。そして、分析しやすくすることで、仮説を立てやすくなるのです。

仮説というと難しく聞こえますが、要は、手持ちの情報の中から、まだ事実としてつかんでいないことに対して、こうではないかなと想像する、あるいは予測することです。

すなわち、

空を見上げたら → 雨が降りそうだ → だから傘を持っていこう

空 → 雨 → 傘

のフレームワークにおいて、「雨が降りそうだ」という部分が、仮説設定にあたります。

たとえば、『お金は銀行に預けるな』は、次の仮説に基づいて出版されました。

●投資経験はないけれども、銀行預金に不満を持っている人が多いはずだ

●書店を見る限り、上記セグメントの顧客にうまく答えを示している書籍はない

この仮説を導くために、九三ページに示したような2×2のフレームワークを使いました。

さらに、「アンケートを取ると、二十％の人しかリスク資産を積極的には持ちたくないと思っている」といった情報も役に立ちました。

思いつきと再現性の間の溝

もっとも、こんな簡単なこと、MECEのフレームワークなんていう大仰なものを使わなくても思いつけるだろうと感じる方もいらっしゃるかもしれません。

しかし、実際には、MECE＋ピラミッドのテクニックを知っているか知らないかでは、新しい着想を得る際の効率が大きく異なります。

これは**再現性**という言葉で呼んでいますが、**ランダムな思いつきで行う予想と、MECE＋ピラミッド・ストラクチャーに基づく仮説設定では、その分析結果の精度が異なる**のです。

思いつきで行うと、たまにクリーンヒットやホームランを打つことができますが、残念ながら、その打率は決して高くなりません。一方、つねにMECE＋ピラミッド・ストラクチャーで発想し、仮説を立てる習慣がある人は、いつでも安定したパフォーマンスを残すことができます。

仮説思考のクセがある人は、左のようなサイクルを回すことで、より精度の高い仮説にたどり着くことができますが、思いつきで考えてしまう人は、精度を向上できません。

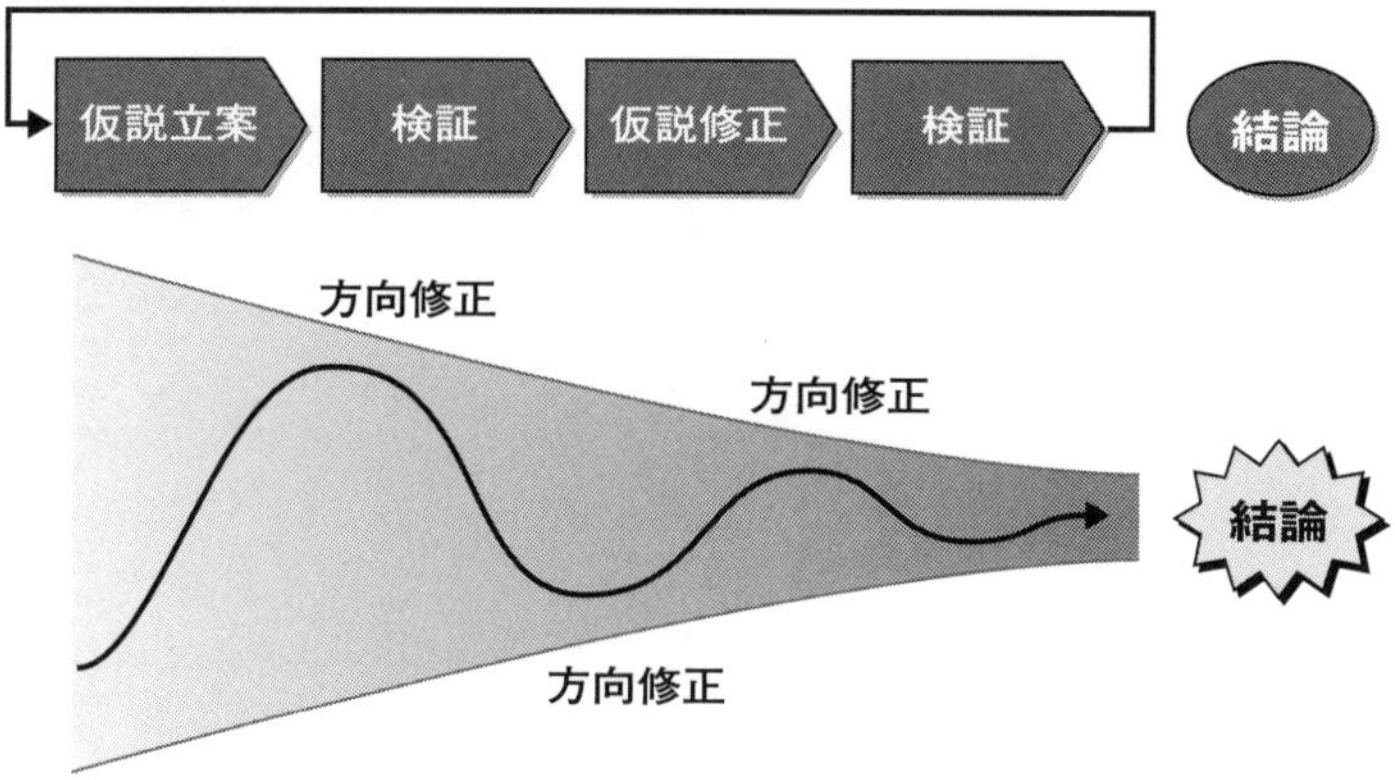

仮説思考のクセがある人は
より精度の高い仮説にたどり着ける

論理思考力を身につけるための四つの実践方法

日常業務での練習、論理パズル、なぜ5回、観察から仮説設定

では、どうすれば、MECEな切り口、ピラミッド・ストラクチャーづくり、そして仮説思考を身につけ、これらが呼吸をするように自然に行えるようになるのでしょうか。

私は、次の四つの方法を強くお勧めしたいと思います。以下、順にご説明します。

①日常の業務に即した練習問題をひたすらやってみる
②論理パズルをすき間時間にせっせと解くクセをつける
③日々、原因と結果を考えるときに「なぜ五回」を繰り返す
④日常的に観察から仮説をつくる習慣をつける

① 日常の業務に即した練習問題をひたすらやってみる

まず、次のような題について、どんなマトリクスがつくれるか考えてみてください。

重要顧客のセグメント化

事業・製品分野の優先順位づけ

研究開発テーマの選定

当社の必要とする人材

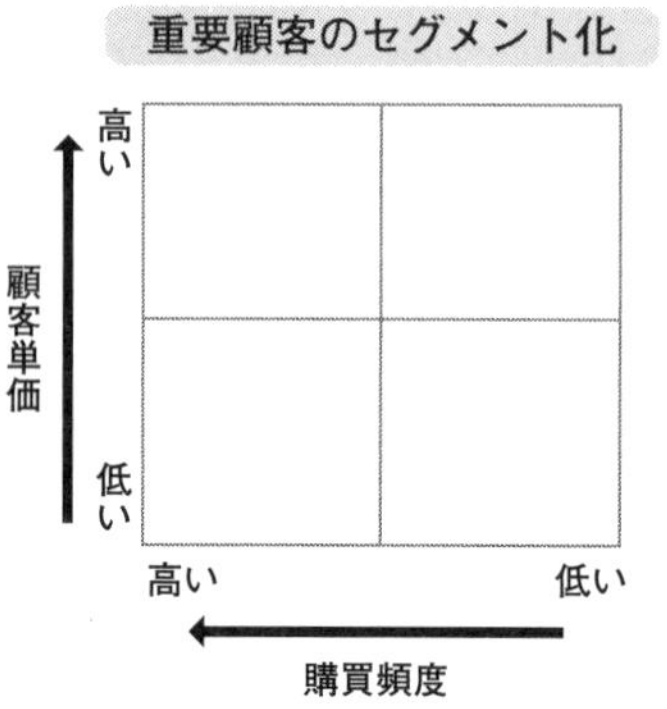
重要顧客のセグメント化
高い
低い
顧客単価
高い
低い
購買頻度

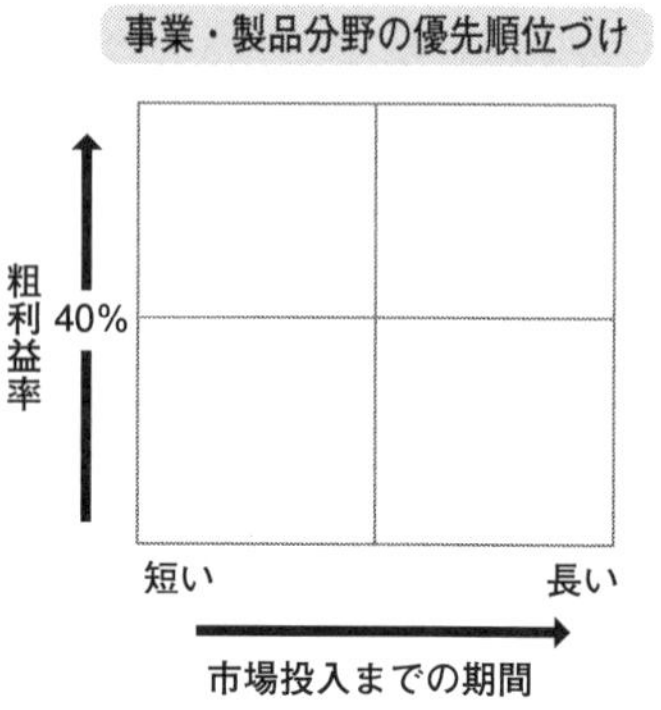
事業・製品分野の優先順位づけ
粗利益率
40%
短い
長い
市場投入までの期間

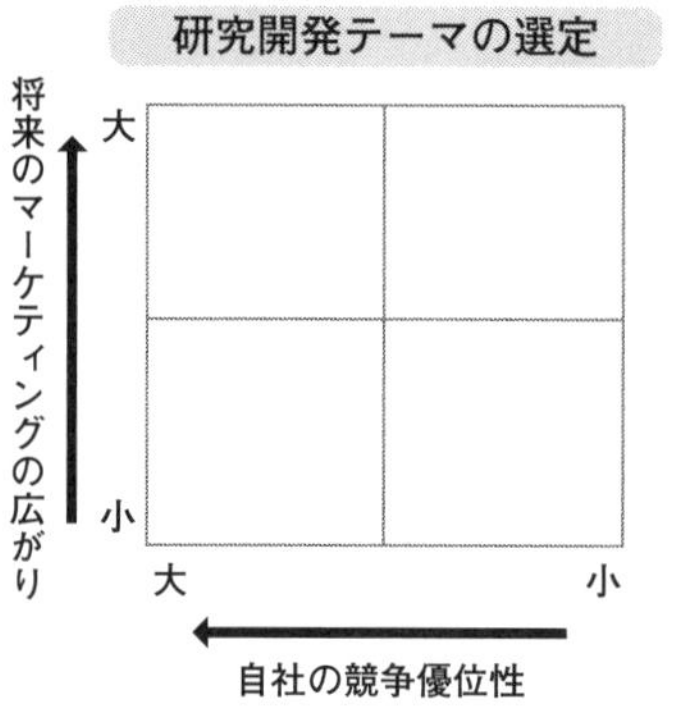
研究開発テーマの選定
将来のマーケティングの広がり
大
小
大
小
自社の競争優位性

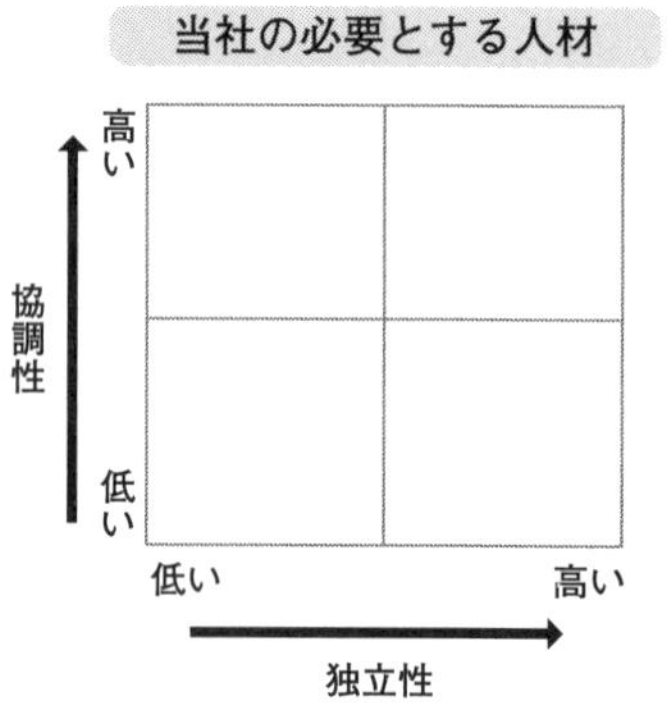
当社の必要とする人材
高い
低い
協調性
低い
高い
独立性

一般に、**この2×2のフレームワークは、仮説の設定に威力を発揮します。**

一人で新しい戦略を打ち立てるとき、周りの人に新しいことを説明するとき、**とりあえず周りの事象を2×2に区切って、あてはめてみるクセをつける**ことです。

はじめは厳密なものでなくてもかまいません。繰り返し行うことで、どういう切り口が有効なのか、だんだんコツがつかめてくると思います。

また、**2×2のフレームワークは、捨てる技術としても役に立ちます。**

何か新しいことを考えるとき、たとえば、製品の開発、新しい営業ルートの開拓、コスト削減などを2×2に分けて、そのうちの一つにターゲットを定めるのです。それだけで四分の一のエリアに集中できるようになり、問題解決の効率が上がります。

また、何であれ、新しいことをすると、必ず周囲からノイズが入りますが、**そのときに聞き入れるべきノイズか、そうでないかの違いも、こういったフレームワークを持っていれば判断できます。**そして、どちらつかずの施策・仮説に陥ることを防ぐことができます。

②論理パズルをすき間時間にせっせと解くクセをつける

二番目のお勧めは、論理パズルの本をたくさん読むことです。
たとえば、私が好きな論理パズルの本は、次のようなものです。

- 『天才パズル　頭の体操—あなたはこの〝迷宮〟から脱出できるか!』(三笠書房)
- 『論理パズル「出しっこ問題」傑作選—論理思考のトレーニング』(講談社)
- 『MENSA「天才IQ」検定にチャレンジ』(青春出版社)
- 『頭がよくなる論理パズル』(PHP研究所)
- 『史上最強の論理パズル—ポイントを見抜く力を養う60問』(講談社)
- 『論理パズル101—推理の楽しさ、ひらめきの快感』(講談社)

ぜひ、何冊か手にとり、実際にやってみてください。

テレビでも、「IQサプリ」とか少し前に「マジカルバナナ」などが流行ったところをみると、私たちは頭を使うのがけっこう好きなのだと思います。数独やルービックキューブ、クロスワードパズルも悪くはありませんが、そればかりでは頭の使い方が偏ってしまいます。

論理パズルのいいところは、いつでもどこでも、暇なときにちょこっとできることです。そして、解けるととても楽しい。私は小学生くらいのときから、こういった論理パズルの本が好きでした。今でもよく、お風呂で解いています。

量をこなしていくことで、突然、「ああ、そういうことか！」という時が訪れます。私はこういった現象を**「量が質に転化する」**と呼んでいます。私たちはものまねをする能力があるため、いろいろなものを数多くまねていると、あるとき、それが閾（しきい）値を超えて、自分でもできるようになるのです。

一般に、私たちは体を鍛えることについては、いろいろと意識して行いますが、それに比べて、頭を鍛えることに対する意識は低いのではないでしょうか。しかし、一日三十分の有酸素運動が最大酸素摂取量を上げるように、論理パズルを毎日数問ずつ解くだけで、一年後、二年後には、確実に基礎の論理力がつくと思います。

③日々、原因と結果を考えるときに「なぜ五回」を繰り返す

ピラミッド・ストラクチャーの訓練には、**「なぜを五回」**が効きます。「なぜ」を繰り返していくと、どんどん深い仮説に掘り下げていけます。

たとえば、「売上を伸ばす」という仮説を掘り下げると――

1 どこの売上が上がらないのか→地方部の売上の伸びが鈍い
2 **なぜ、**地方部の売上が上がらないのか→地方部のセールスマンの売上が下がっている
3 **なぜ、**地方部のセールスマンの売上が下がっているのか→地方部の代理店の統廃合が続き顧客が減っている
4 **なぜ、**地方部の代理店の統廃合が続き顧客が減っているのか→地方部の一部の代理店が廃業している
5 **なぜ、**地方部の一部の代理店が廃業しているのか→地方代理店が後継者難になっている

となっていきました。そう考えると、地方の代理店施策については、

●セールスマンを使わないで、オンラインなどの注文をより強化して営業効率を上げる
●後継者難になっている代理店の問題解決を積極的に手伝うことでシェアを上げる

などのより具体的な施策に踏み込むことができます。

さらに、この「なぜ」を五回繰り返すプロセスそのものが、各階層ごとに考えられる理由をMECEに分解し、その中から特に重要な点を掘り下げていくことの訓練にもなります。

もうひとつ、身近な例として、「なぜダイエットが続かないか」について考えてみましょう。

1　なぜ、ダイエットが続かないのか→甘いものを食べてしまうからだ

2　なぜ、甘いものがほしいのか→今、過度にストレスがたまっていて、解消したいからだ

3　なぜ、ストレスがたまるのか→会社で長時間労働が日常化しているからだ

4　なぜ、会社で長時間労働が日常化しているのか→新任の上司が不慣れなうえ、自分も効率よく営業ができていないからだ

5　なぜ、仕事の効率が悪いのか→業務開拓重点分野の市場情報が正しく入手できていないからだ

こうしてみると、この人がダイエットに成功するためには、甘いもの（あるいは、お酒やタバコなどの嗜好品）を無理やり断つのではなく、業務開拓分野のマーケティングを正しく行い、ムダな努力をしないようにすることが解である可能性が高くなります。

④日常的に観察から仮説をつくる習慣をつける

③では、「なぜを五回」繰り返すことで仮説にたどり着きましたが、そこまで「なぜ」「なぜ」をしなくても、日常生活の中で、いつも直感的な仮説を立ててみる習慣も役立ちます。

たとえば、同僚とランチに行くとき、同僚をいくつかの切り口で分類し（性別、好みの料理のタイプ、体格など）、ランチメニューの中で同僚がどのランチを頼むのか、相手のタイプの分析結果から仮説を導き出すのです。

たとえば、Aさんは男性でこってりした料理が好きなタイプ、体格もいいとなると、ランチにはハンバーグステーキと牡蠣フライのセットのようなしっかりとしたものを頼む可能性が高いでしょう。それに対して、スリムで体型を気にしている女性のBさんは、野菜のリゾットを頼む可能性が高いと考えます。

この方法のいいところは、結果を見て、すぐに検証できるところです。さらに発展させて、隣に座っている人を観察しながら、持ちものや髪型を見て、その人のタイプを見極め、頼みそうなものを予測することもできます。そのうえで、結果と比べ、仮説を検証していくわけです。

ほかにも、映画を観ながら、起こりそうな展開を予想する、現在の書籍のベストセラーリストを見ながら、来月のベストセラーリストに残りそうな本とそうでない本を区別して、一週間後にその予想を再評価してみる、などもよいでしょう。

また、ベストセラーについて、著者で売れているのか、コンテンツの内容で売れているのか、出版社の上手なプロモーションで売れているのか、仮説を立ててみてもおもしろいでしょう。そして、同じ著者から次の本が出たときに、その仮説から売れ行きを、結果が出る前に予測してみるのです。

このほか、テレビドラマや流行っている小説・漫画などを読む場合には、なぜそれが流行しているのか、どのポイントが相手に訴求しているのか、その時代背景は何かなど、つねにその裏側を思索するクセをつけます。

NANAがブレークした理由を論理思考してみる

たとえば、私は大ヒットしたベストセラー漫画の『NANA』について、二〇〇五年に自分のブログで「なぜNANAはヒットしたのか」というエントリーをつくりました。

http://kazuyomugi.cocolog-nifty.com/point_of_view/2005/09/nana_7cd0.html

以下、参考になると思いますので、その内容の要約を記載します。

〈NANAがブレークした理由の仮説〉

要素1 キャラクターの書き込みと種類が巧みで、読者がだれかには共感できる

要素2 音楽バンドという「現代のもっともわかりやすい若者向け出世物語」である

要素3 矢沢あいのファッション＋地方路線が従来はマイナー路線だったのが、共感する若年層がどんどん育ってきてメジャーになった

要素4 題材が音楽というマルチメディア展開に向いた商材であった

簡単に一つひとつ説明します。

要素1 キャラクターの書き込みと種類が巧みで、読者がだれかには共感できるようになっている

この登場キャラクターの中には、いろいろな種類と対立軸をわざと書き込んであります。

●幸せな家庭で育った人たちvs不幸な家庭で育った、あるいは親がいない人たち

例 家族に恵まれた奈々・旅館の跡取り息子ノブ
vs両親のいないナナ・親に捨てられたシン・捨て子のレン

●天才肌の人たちvs努力家の人たち

例　天才組　レイラ・タクミ・ヤスvs努力家組　レン・ナナ・ノブ

●自立志向の女vs依存志向の女

例　ピルを飲んで妊娠しようとしないナナvsタクミとできちゃった結婚をする奈々

読者がどの立場であっても、その相対図の中に自分を置き、そのドラマの中に入り込めるように設計されているのです。

要素2　音楽バンドという「現代のもっともわかりやすい若者向け出世物語」である

「音楽」という手段を使ってメガヒットを飛ばし、名声とお金を得る、というのが登場人物たちのモチベーションです。音楽は資本も学歴もいらないベンチャービジネスだからです。だから昔から、地方から上京して一山当ててやる、というストーリーとして成り立ち、あこがれの対象となるわけです。

昔は「一生懸命働けば出世できる」という価値観がありましたが、最近は、ニートを含め社会に倦怠感が広がっていますから、よりわかりやすい一発逆転手段として、「音楽」は光を見いだしやすい場所なのでしょう。

要素3　矢沢あいのファッション＋地方路線が従来はマイナー路線だったのが、共感する若年層がどんどん育ってきてメジャーになった

これまでの漫画、特に女性作家による漫画は、どちらかというとインテリ向け路線のものが主流でした。それは、書き手の多くが大学卒業のインテリだったからです。柴門ふみ、川原泉、里中満智子、清水玲子等々。そうすると、歴史ものやキャリアウーマンもの、SFものに名門私立ものなど、なんだかんだといって、ややインテリ向けの、ちょっとまじめな雰囲気のものが多くなるわけです。

ところが、著者の矢沢あいはファッション専門学校出身で、ひたすら音楽やファッションなどを基軸とした世界観を書き続けました。そこに、共感するファンが育ち、ついてきたのです。

要素4　題材が音楽というマルチメディア展開に向いた商材であった

NANAがブレークした理由の一つに、かなり早期からミュージシャンの共感と推薦を仰いできた、という経緯があります。ミュージシャンたちがまさしく、これまでの自分たちの苦労と合わせて共感できる漫画でもあったため、積極的にアルバムづくりなどのバックアップを買って出たのです。今回も、中島美嘉主演の映画でタイアップCDがつくられ、レイラ役がオーディションで選ばれて、同じくタイアップCDが販売されます。

以上です。もちろん、これらの仮説が合っているかどうかはわかりません。しかし、このように身近なところから考えてみるクセをつけていくことが大事だと思います。

とはいえ、「あと知恵バイアス」には注意！

ここまで、どうやって論理的に思考するかということに注力して説明をしてきましたが、注意したい落とし穴があります。

それは、あまり論理、論理と振りかざしすぎると、本来、因果関係のないものまで、身近な限られた事例から、経験則を使って無理やり詭弁的な判断をし、論理があるように当てはめてしまうことがあるということです。それを**「ヒューリスティック」**といいます。いわゆる「トンデモ論理」です。

トンデモ論理で思い出してほしいのが、バラス・スキナーという学者が行った「鳩の実験」です。実験では、まず鳩がボタンを押すとえさが出るような仕組みをつくって、鳩にそのことを学習させます。次に、ボタンを押すかどうかにかかわらず、そのえさがランダムに出てくるように設定を変えます。そうすると何が起こるのでしょうか？

鳩たちはそれぞれ、「首を回したらえさが出た」とか「ボタンを三回押したらえさが出た」といった偶然の結果を法則と間違えて、必ずそれをするようになるのです。「迷信行動」といわれるものです。

私たち人間の、「朝、目玉焼きを食べたら一日ついていたので、毎日目玉焼きを食べるようにした」などという、いわゆる験かつぎと同じです。

トンデモ論理に陥らないためには、次の二冊の本に目を通しておくことをお勧めします。

- 『人間この信じやすきもの――迷信・誤信はどうして生まれるか』（新曜社）
- 『まぐれ――投資家はなぜ、運を実力と勘違いするのか』（ダイヤモンド社）

いずれにしても、論理思考力があるということが、ビジネス思考力において、特に分析以降の思考レベルにまで思考を掘り下げていくのに必須の要件になります。

ただ、**論理思考力は訓練次第で、比較的早く身につくタイプの思考力です**。ここまでに紹介したいくつかの方法を駆使しながら、「これまでわからなかったことがなんとなくわかるようになった」という感覚を、ぜひ身につけていただければと思います。

第4章

二つめの力

水平思考力

Lateral Thinking

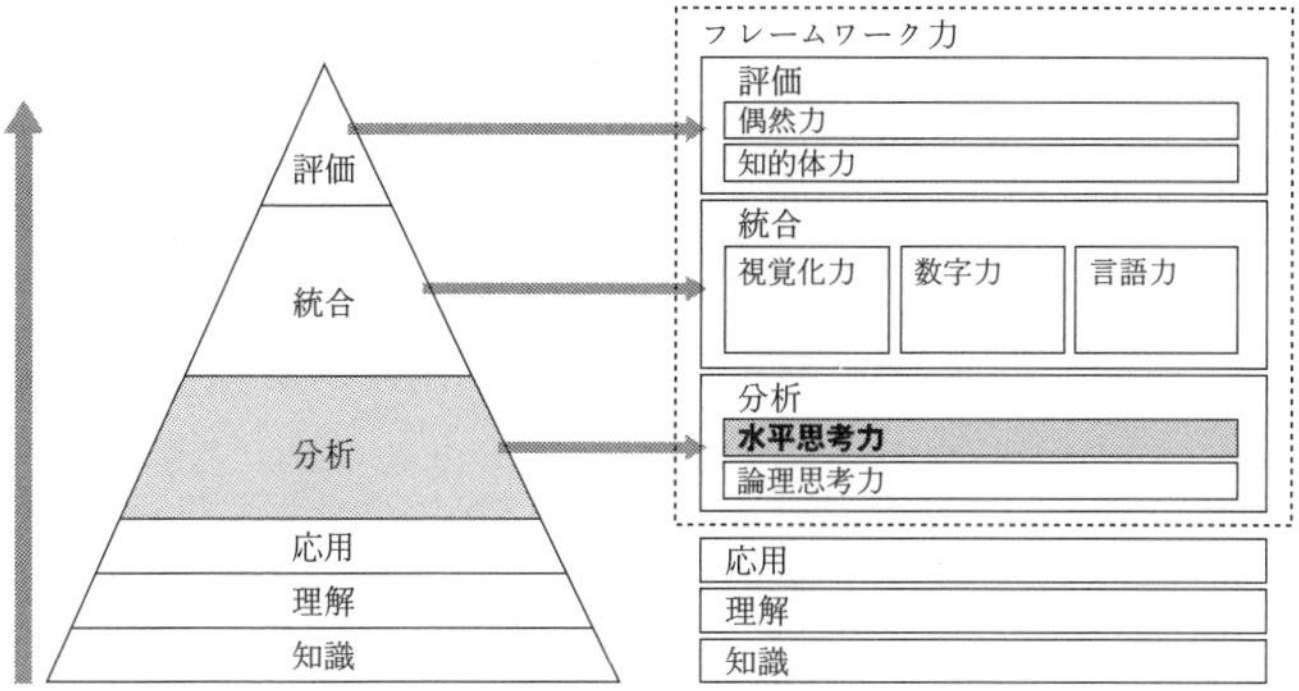

水平思考力をわかりやすくいうと

一つめの力である論理思考力（ロジカル・シンキング）については名著もたくさんあり、私がくどくど言うことは屋上屋を架す感があるかと思います。しかし、**大事なのは、実践です。論理思考の実践を、パズルを解いたり日常的な問題を解決したりする習慣をつけ、繰り返すことです。**そうすれば必ず身につくスキルですので、ぜひ実践していってください。

そして、論理思考力が身についたうえで、次にチャレンジしてほしいのが、二つめの力である**水平思考力（ラテラル・シンキング）**です。

ラテラル・シンキングとは、論理思考のようなステップを踏まずに、問題に対する新しい考え方を探索する思考法と定義します。要は、

直感や想像、新しいものの組み合わせなどから

解の仮説をイメージする方法です。

ラテラル・シンキングはロジカル・シンキングに比べると聞き慣れない言葉かもしれません。しかし、現代の日本のように成熟した社会では、ロジカル・シンキング、すなわち細かいところに垂直的にどんどん入り込んで解を見つけることは、できて当たり前とされます。

そのうえでラテラル・シンキングを身につけ、水平的に解の方向性を展開できることが、ブレークスルーにつながります。

さて、論理思考は「なぜ」を五回繰り返す、というように、あるものごとを垂直に、下に下に、絞って絞って考えるやり方です。そのため、論理思考のことを垂直思考と呼ぶこともあります。この垂直思考に対し、ラテラル・シンキング、つまり、水平思考は、より創造的な発想をするための手法として、一九七〇年代に、エドワード・デボノという教育者の提唱によって生まれました。

論理思考は、コンピュータなどに乗せてプログラムしやすい方法ですが、これに対し、水平思考というのは、問題定義そのものを疑い、考えを広げてしまう手法で、一般には、コンピュータには向きません。組み合わせの解の可能性が大きすぎてしまうからです。つまり、

ロジカル・シンキングが絞り込む思考法だとすると、ラテラル・シンキングは広げる思考法です。

実は、こういったラテラル・シンキングができることこそが人間の強みです。

ロジカルが垂直の軸、ラテラルが水平の軸なので、私はロジカルとラテラルを組み合わせることを「立体思考法」と呼んでいます。

ロジカル・シンキングとラテラル・シンキングの両方が一定以上できるようになることで、解の導き方に広がりが出ます。

デボノの有名な問題

それでは、ラテラル・シンキングとはどういうものか、エドワード・デボノがその説明のために使った有名な問題を紹介しましょう。すでに答えを知っている方もいらっしゃるかもしれませんが、なぜこのことがラテラル・シンキングなのか、いっしょに考えてみてください。

「昔、美しい娘がいる一人の商人が意地の悪い年老いた金貸しからお金を借りて、返せなくなりました。途方に暮れる商人に金貸しが提案したのが、あるくじ引きでした。

空の財布に白黒二つの小石を入れ、娘にそのくじ引きを引かせます。白い石が出れば借金が帳消しになり、娘もこれまでどおり父親と暮らせます。しかし、黒い石が出れば、借金は帳消しになりますが、娘は金貸しの妻にならないといけないのです。

とはいえ、娘が石を選ぶのを拒めば、父親は監獄送り、娘もまた食べるのに困ってしまいます。しかたなく、商人はこのくじ引きに同意しました。

そこで金貸しは、三人が立ち話をしていた商人の庭から石を拾って財布に入れましたが、娘はその金貸しが財布に入れた石が二つとも黒であるのをめざとく見つけて、思わずゾッとしてしまいました。金貸しは、父親と娘に、運命を決める石を選べと容赦なく迫ります。

さて、あなたがその娘だったらどうしますか？」

出所：『水平思考の世界』エドワード・デボノ著、講談社

この問題を論理的に考えると、たとえば、下記のような選択肢が考えられます。

1　石を選ぶのを拒む
2　財布の中を開け、黒い石が二つあることを示して、金貸しの欺瞞を暴く
3　黒い石を選んで、父親が監獄送りになることを救う代わりに、自分が犠牲になる

しかし、これはあくまで、「娘が通常の手段で石を選ばなければならない」という前提からスタートして、解に導いていく考え方です。だから、垂直思考、論理思考なのです。

水平思考では、石を選ぶという部分ではなく、財布の中に何の石を残すか、というところに目をつけます。

さあ、娘が何をすべきか、おわかりですね？
そう、娘がすべきことは——

財布の中に手を入れて小石を一つ取り出すと同時に、その色を見ないまま、うっかりを装って、その石を庭に落としてしまい、他の石と混ぜて何色かわからないようにしてしまう。そし

て、「うっかり落としてしまったけれども、財布の中に残った石を見れば、どちらの色を選んだかわかるからだいじょうぶ」と金貸しに告げることなのです。

こうして、娘は父親といっしょにいることができ、借金も帳消しになりました。

もちろん、「石を投げて隠してしまう」という解を論理思考で出すことも不可能ではありません。しかし、現実的には論理思考、たとえばMECEを使って、一つひとつの可能性を潰していって、最後にこの解にたどり着くのは、なかなか骨が折れます。コンピュータなら、そのようになるため、創造的な解は出づらいのです。

想定した範囲以外から解を出す

このようなラテラル・シンキングは**「Out of the Box Solution」（想定した範囲以外から出てきた解）**とも呼ばれます。実は、私たち人間は、意外とこの考え方が得意です。歴史上の大発見には多数あり、たとえばコペルニクスの天動説とか、アインシュタインの時空の考え方はその典型です。

そこまでいかなくても、ヒットする新製品には大なり小なり、この**「想定した範囲外から出てきた解」**が用いられています。拙書『効率が10倍アップする新・知的生産術〜自分をグーグル化する方法』（ダイヤモンド社）のヒットの理由でも、次のような点が当てはまると思います。

●本はなるべく、その本の中で情報が完結すべきという方法から離れて、ウェブや他の本などを積極的に参照する方法をとったこと
●薄い簡単な本でなければ売れないという考え方を離れ、情報量の多い、ビジネス書としては異例の三百ページの本にしたこと
●わかりやすい短いタイトルが売れるという考え方を離れ、インターネットの検索で多く引っかかるようなキーワードをタイトルにふんだんに使ったこと

このような解法は、娘が石を投げるのと同じで、答えを聞いてしまうと、ああ、そんなこと、当たり前だろうなと感じるものですが、ロジカル・シンキングのプロセスや市場調査によるユーザーからのヒアリング・プロセスではなかなか見つかりにくいものです。

ラテラル・シンキングも、ロジカル・シンキングと同じく、テクニックと実践という二つの

切り口で身につけることができます。

切り口1 **基本となる三つのテクニック（前提を疑う、見方を変える、組み合わせてみる）を知る**

切り口2 **身につけるための四つの実践方法（アイデアの量を増やす、アイデアを試してみる、失敗から学んで修正する、チームを活用する）を繰り返す**

水平思考力を身につけるための三つの基本テクニック

前提を疑う、見方を変える、組み合わせてみる

ラテラル・シンキングも、一見難しいようでいて、基本のテクニックさえ覚えてしまえば、ロジカル・シンキング同様、息をするように行うことができます。

以下、やり方を具体的に説明していきましょう。

①自分が無意識に使ってしまっている前提を疑う
②ものごとに対する新しい見方を積極的に導入する
③一見別々のものを、積極的に組み合わせてみる

① 自分が無意識に使ってしまっている前提を疑う

たとえばコペルニクスの地動説は、当時、天文学の常識だった天動説の前提を疑うところからスタートしています。

多くの人は、私も含めて、何か問題を考えようとすると、無意識に何かの前提をもとに、次の考えを進めようとしてしまうものです。

したがって、何か新しいアイデアをつくるときには、**そもそも今、考えていること、思っていることの前提が正しいのか**を疑うというクセをつけます。

私はこれを心の中で、**「それって、ほんとう？」テクニック**と呼んでいます。

私がラテラル・シンキングの考え方を知ったのは二〇〇一年ですが、その後三年間、

「抜け道はないか？　見落としはないか？　前提に間違いはないか？」

ということを紙に印刷して、机の前の壁に貼っていました（あとの章であらためて紹介する「三毒追放」と書いた紙の隣です）。

前提を疑う訓練としてお勧めしたいのが、ポール・スローンの『ウミガメのスープ』のシリーズの問題を解いてみることです。前の章でお勧めした『天才パズル』が、論理思考を鍛えるパズル中心だったのに対し、こちらはひたすら、ラテラル・シンキングを活用するパズルを集めています。現在、第4集まで出ています。

たとえば、下記の問題を少し考えてみてください。

「誰かの肖像画」

肖像画を前にして男がこう言った。
「私には息子も兄弟もいないが、この人物の父は私の父の息子だ」。
肖像画に描かれていたのは誰なのだろう。

出所：『ウミガメのスープ』

答えは実は簡単です。「その男の娘」の肖像画でした。

でも、この答え、意外とわかりませんね。

なぜかというと、私たちがものごとを考える際、先にも少し触れた**「ヒューリスティック」**

といわれる、過去の経験則に基づきショートカットして判断する手法を用いてしまうからです。つまり、思考をうまくサボっているのです。

ところが、そのサボりがあだになることも少なくありません。ここで、三つのヒューリスティックについて、挙げておきましょう。

三つのヒューリスティック

ヒューリスティックには、代表性ヒューリスティック、利用可能性ヒューリスティック、固着性ヒューリスティックの三つがあります。

1　代表性ヒューリスティック（検索容易性）

典型的と思われるものを判断に利用すること。今回の肖像画のクイズでも、これまで見てきた老齢の立派な男性の肖像画が、私たちの無意識のうちに思い浮かんでしまうのです。

2　利用可能性ヒューリスティック

日常生活で簡単に利用できる情報によって判断してしまうこと。今回の肖像画のクイズでは、選択肢の中に息子や兄弟とあったので、すぐにそこに考えを限定してしまいがちなのです。

3 固着性ヒューリスティック（アンカリング）

最初に示された特定の数字などが印象づけられること。今回の肖像画のクイズでは、息子も兄弟もいない、ということで、男性であるということに無意識にアンカリングされてしまいました。

これらは、経験を積んでしまった人ほど、陥りやすい罠だともいえます。コンサルタント時代、しつこく**「ゼロベースでものごとを考え直せ」**といわれましたが、それは視界を広く持つための前提です。

また、**「成功は復讐する」**ということも繰り返し習いました。これは、それまでの成功体験があればあるほど、環境変化に気づくのが遅れて、新しい動きについていけず、失敗してしまうことが多いということです。

コンサルタント時代、私が大きな成果を上げた案件のひとつに、その会社がこれまで行政指導や規制でできないと思い込んでいた他社の開発への共同参加について、ほんとうにできないのかと「疑い」を持って調べたところ、実はその規制はすでに十年も前に撤廃されており、問題なくできた、というケースがありました。

ほかにも小さなことですが、『無理なく続けられる年収10倍アップ勉強法』（ディスカヴァー）で、勉強道具について、宣伝費をまったくもらっていないのにもかかわらず、果敢に個別具体的な商品名をどんどん記載していったということがあります。結果はたいへん好評で、ベストセラーになった要因の一つとなっていますが、これも、「読者は宣伝を嫌う」「書籍は中立的でなければいけない」といった前提を「疑う」ことから発想した手法です。

前提を疑うためには、次のような考え方を試してみてください。

①まずは、自分も他人も、**根深い前提思考、ヒューリスティックを持っていることを自覚**します。
②そのような前提を疑うための根本的な質問、たとえば論理思考で使った「なぜ五回」でもいいですし、**「もしも○○だったら」**というような考え方をしてみます。
③ベテランや専門家の言葉をいろいろ集めてよく検討し、まとめてみたうえで、**それとは逆のことができないか**と、正反対のことを考えてみます。

いずれにしても、いつでもどこでも、通説や常識について、**「それって、ほんとう？」**と健全な疑いを持ち続けることが大事です。

② ものごとに対する新しい見方を積極的に導入する

水平思考の二つめのテクニックは、つねに**ものごとについて新しい見方をしてみる**クセをつけることです。①の前提を疑うということと似ていますが、ここでは、どうしても固執しがちな、**自分の考え方、見方から離れる**ことがポイントとなります。

この場合、問題はその視点にあります。たしかに、自分たちの価値観・経験・情報からは今の見方がベストなのだけれども、他の立場からの見方をすると、まったくナンセンスになってしまうことが多々あるわけです。

企業が戦略を立てる際には、3C、すなわち、自社（Company）、競合他社（Competitor）、顧客（Customer）の視点を持つことが重要だといわれるのもこうした理由からです。同じ戦略は、必ず違う立場から見直す必要があります。自分とその他の人を、まるで天や神の視点から見るような形で、見下ろしてみるわけです。

顧客の立場からものを見るためには、フォーカス・グループ・インタビューといわれる手法を使います。これは、さまざまな立場の潜在顧客を五～六人単位で集めて、開発途中、あるいはすでに売り出している製品・サービスやその周辺にかかわる見方、考え方について、一時間半から二時間、こと細かに聞いていくものです。これを、いろいろな年齢層、職業、商品に対する経験値のある人などに分けて、十組くらい繰り返します。

実際に私は、フォーカス・グループ・インタビューを何十回も行ってきましたが、そのなかで、「ほーーーっ、これは自分では思いつかない」と思ったものがいくつもありました。

●消費者金融で借金をしている人の話。たとえば限度額が五十万円あって、うち十万円しか使っていないとすると、**「十万円の借金がある」のではなくて、「四十万円の預金がある」**ように感じる。

●通信教育を展開している人の話。その**通信教育販売のコツは、「適度に続かないこと」**である。なぜなら、ほんとうに続いてしまうと、もう新しい講座を受ける必要がなくなるが、少しだけ続くとそのうち飽きて、また新しい講座をとりたくなる。

●携帯電話のユーザーへのインタビューで、番号は変えたくないという人が多いなか、わざと変える人もいる。それは、引っ越しと同じで、**定期的に番号を変えることで、人間関係が清算でき、**電話をかけてきた人が親しい知り合いだということが保証されるからである。

これらは、少なくとも伝統的な見方では、想像もつかなかった意見です。しかし、実はこういった新しい見方が、それぞれのビジネスを行うときのキモであることが多いのです。

新しい見方をするには、目の前の問題やルールについて、つねに次のような考え方をしていくとよいでしょう。

①なぜ、この問題を解く必要があるのか

②問題設定そのものは正しいのか

③問題を言い換えることはできないか

④この問題を解決したら、だれが得をして、だれが損をするのか

なお、第二章で大量に挙げたフレームワークの役割は、新しい見方や気づかない見方を出してくれるための尺度としても有効です。

また、このような新しい見方を戦略に取り入れて成功した事業の事例を集めた本に『ブルー・オーシャン戦略』（ランダムハウス講談社）がありますので、ぜひ一読をお勧めします。事例は海外のものが多いのですが、日本の企業でも、QB Houseやセブン・イレブン、iモードなどの事例が紹介されています。

③一見別々のものを、積極的に組み合わせてみる

今や、情報過多、商品過多の時代です。ほしいと思う情報・モノは、実はほとんど存在するといっていいでしょう。しかし、すべてつぶつぶの情報であり、それらを組み合わせることによってはじめて出てくる価値も多くあります。

要は、**新しいアイデアなどというものは存在せず、既存の何かと何かを組み合わせることで、新しいアイデアに仕上がる**のです。

たとえば、ここ数年、行動経済学という分野がとても注目されています。先に挙げたヒューリスティックの研究も、もともと行動経済学の研究から生まれました。

しかし、この行動経済学は、実は新しいものではなく、従来の伝統的な経済学に心理学を組み合わせたものです。

伝統的な経済学は、人間は非常に合理的な存在であり情報を手に入れるとその場に応じて合理的で歪みのない判断を下すということを前提にしていましたが、心理学ではもちろんそのようなことは常識ではなく、さまざまな心理上の歪み・バイアスがあることを証明してきました。

行動経済学は、このような心理の歪みを経済学と組み合わせたらどのような考え方が生まれるか、ということから発想されたのです。

またまた拙書の例で恐縮ですが、『効率が10倍アップする新・知的生産術〜自分をグーグル化する方法』の中の「生活習慣を整えることで知的生産性を向上させる」という部分も組み合わせで価値を出した例だと考えています。それまで、生活習慣と知的生産性を結びつけた考え方はなかったからです。

私はこういったものを**「組み合わせバリュー」**と呼んでいます。最近はすばらしいつぶつぶの技術や情報には事欠かないため、いかにそれを組み合わせるか、ナビゲートするか、パッケージ化するか、ソリューションにまで高めるか、いずれにせよ、**既存のもので、一見関係なさそうなものを組み合わせて、新しい考え方をつくる**のです。

新しい組み合わせをつくる手法については、ランダムにカードを引く、辞書を使ってみる、パラパラと関係ない本をめくってみるなど、これまでさまざまな手法が開発されてきました。こういったランダムな手法も効果的ですが、それに加えて、

つねにその問題を考え、頭のはじっこにそれを置いておく

ことがより重要です。

すると、その問題を解くために、いろいろと情報収集を行ったり、日常生活で新しいものを見聞きするなかで、突然、頭の中の回路がつながって、「あれとこれを組み合わせると、価値が出るのではないか！」と気づく。ひらめきが起こるのです。

もちろん、こういったひらめきを得るためには、単に問題意識を頭に置いているだけではなく、それを解決できるかもしれない手段やその情報をもっている書籍、人にどんどん出会っていくこと、それによって材料を集めていく必要があります。

要は、

何かを組み合わせるとできることがあるのではないか

という発想をつねに持っておくことが重要なのです。

また、このような組み合わせ方を考えるときには、創造性分野のパイオニア的存在であるアレックス・オズボーン教授が提唱する**「SCAMPER」（スキャンパー）のフレームワーク**も便利なので、紹介しておきます。

「SCAMPER」というのは、次の七つのことばの頭文字です。

Substitute　代用してみたら？
Combine　結合してみてら？
Adapt　応用してみたら？
Modify　変更してみたら？
Put　置き換えてみたら？
Eliminate　減らしてみたら？
Reorder　逆転してみたら？

いずれにしても、

1　前提を疑い、
2　見方を変え、
3　組み合わせてみる。

この繰り返しで、意外なくらい、新しい考え方は浮かんでくるものです。

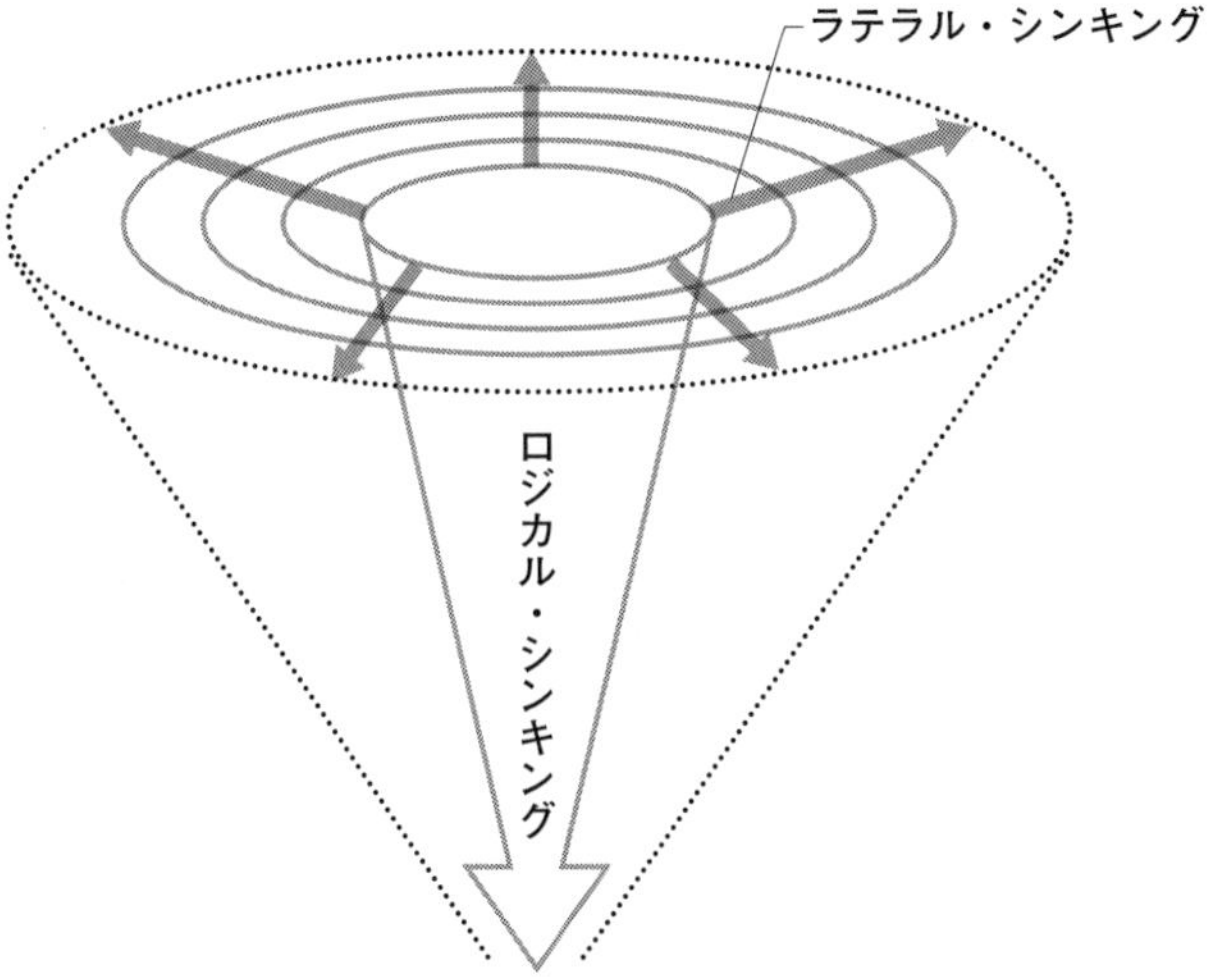

ラテラル・シンキング（水平思考）と
ロジカル・シンキング（論理思考）のイメージ

水平思考力を身につけるための四つの実践方法

アイデアの量を増やす、試してみる、失敗から学ぶ、他者を活用する

ラテラル・シンキングは、ロジカル・シンキングと組み合わせることで威力を発揮します。そして、ロジカル・シンキング同様ラテラル・シンキングも、いくつかの習慣によって身につきます。そうすると、飛躍的にアイデアの切り口を増やすことができるようになります。

①種になりそうなアイデアの量をとにかく増やしてみる
②出てきたアイデアは、なるべく早く市場で試してみる
③アイデアがうまくいかないときにこそ、失敗から学んで早く修正する
④他の人とのかかわりの中でアイデアを醸成する

①種になりそうなアイデアの量をとにかく増やしてみる

まずはアイデアの量を増やすことから、水平思考の訓練は始まります。仕事柄、成功した商品・製品やサービスの会社を分析することが多いのですが、そこで気づくのは、最初から、とにかくビジネスのアイデアの数が多いということです。たくさんのアイデアの中から絞り込んだり、そのアイデアどうしを組み合わせることで、新しいアイデアを生むことが可能になります。

私を含め、なぜ多読を勧める人が多いかというと、**それがたくさんのアイデアの種を私たちにもたらしてくれる**からです。言葉を話す際は、ボキャブラリーが豊富なほうが、ていねいで相手の心を打つ表現を組み立てやすいように、たくさんのアイデアの種があったほうが、その組み合わせで、新しい考え方が生まれる確率が高まるのです。

一つの課題に対してブレーンストーミングをすることは、このようなアイデアを大量に生み出す訓練となります。複数の人と行えば、互いの刺激の相乗効果によってアイデアが浮かびますし、一人で同じ課題をずっと考え続ければ、あるとき突然、「あっ」と思うようないい考え方が浮かぶものです。

たとえば、拙著『お金は銀行に預けるな』のタイトルは、光文社の担当編集者の小松現氏のアイデアです。自分の本でほめるのも変なのですが、ほんとうに秀逸なものだったと思います。このタイトルも大量のアイデアから絞り込まれて生まれたものでした。

このタイトルに決まるまでに、小松氏は五十を超えるタイトル案を前に、三日間にわたって、このことだけを考え続けたといいます。そして、もう決めないと間に合わないというギリギリの期日に、私が提案していた「預金はリスク」というコンセプトをもとにひらめいたのが、「お金は銀行に預けるな」だったそうです。

人と会う、本を読む、ヒット商品を分析するなどさまざまな手法で、求める答えに関するアイデアの情報を収集することができます。ともすれば、課題に対する答えそのものを直接求めがちですが、そうではなく、

いかにそのネタとなるようなアイデアを探し続けられるか

が、ラテラル・シンキングの鍵だと思います。

一つの課題を**考えて、考えて、考え抜く**と、ふとリラックスしたときに、頭の中でアイデア

が結実します。**もし出ないとしたら、よいインプットの量が足りない**のです。

かといって、アイデアを出すためだけに、あわててインプットをしても、あまりいいアイデアは浮かびません。ふだんから、何気ない材料をずっと集め続けて、それをアイデアとして生かすのです。

私は、一日一時間から二時間、自転車に乗っていますが、体を動かしながら、周りを眺めていると、いろいろなアイデアが浮かんできます。アイデアが浮かんでくることは、体を動かすことと無関係ではないように感じます。

アイデアも、はじめのうちはいいものがうまく出なかったり、明らかに「ぱくり」のような平凡なものからスタートするかもしれませんが、どんどん考えては出すことを習慣化していくと、少しずついいアイデアが出てくるようになります。

さらにそれをチームで交換しあうことによって、より高いアイデアに結実することができます。

なお、出てきたアイデアはマインドマップにまとめる、ブログにまとめる、人に話す、ホワイトボードに書く、メモに書く、図表にする、絵にするなど、どんな形でもいいので、必ずあとで参照できるように書き記しておいてください。

②出てきたアイデアは、なるべく早く市場で試してみる

アイデアの量を質に転換するために行うことは、「テスト、テスト、またテスト」です。

ちょっと知り合いに話してみることから始まって、試作品をつくる、フォーカス・グループ・インタビューを行う、新製品を思い切って上市させてみるなど、さまざまなテスト手法があります。

仕事でも、日常的な生活習慣の改善でも、よいアイデアを出す人とそうでない人の違いは、温めたアイデアを周りや市場に評価してもらって、フィードバックを受ける、そのフィードバックを新しい情報として取り入れていく、この繰り返しをどれだけ速いスピードで行っているかだと思います。

とりあえず、**新しいアイデアが浮かんだら、すぐにつくれそうなものは形にしてしまいます。**本のタイトルなら、その題名の表紙だけでもデザインしてしまう。玩具や電化製品なら、そのモックアップをつくる。ソフトウエアなら、一部だけ動く実際の画面（私たちは「紙芝居」と呼んでいました）を数日間でつくり込んでしまいます。

アイデアを他者に試してみることには、二つの利点があります。

第一は、「人間の直感は案外正しい」という利点です。

私たちはこれまで得られた知識・経験から、その時点で最良と思われる結論を生み出すことができます。これを複数の人に尋ねてみるということは、すなわち、複数の人たちの経験を生かすことができるということなのです。

何度かケースで出している『お金は銀行に預けるな』ですが、実はゲラ刷りの、まだタイトルが決まっていない時点で、関係者に閲覧してもらったところ、複数の人たちの結論が、「これは売れる」でした。その時点では、私の名前は関係者の間では知られていませんでしたが、読んだ人たちに直感的にそう思わせるものがあったようです。

なぜ売れると思ったのか、おそらく一人ひとりに尋ねても、あまりクリアな答えは返ってこなかったと思います。しかし、その結論を「直感が言う」ことが大事なのです。ラテラル・シンキングの結果、生み出した成果物は、どんどん他者に試してみることが必要です。

第二は、「そのアイデアを広めるためのコストがわかる」ということです。

そのアイデアをぱっと他者に見せたときに、ネガティブな反応を見せたり、かなりの説得をしないと買ってくれそうにない製品・サービスだったとしたら、多分、それは販売時に多額のコストがかかることを認識しなければなりません。

もちろん、いいアイデアで、説明すれば売れるものはたくさんあります。しかし、説明をするということ自体が、売る側にも買う側も大きなコストとなります。実際の販売コストに比して割に合わない場合は、そのアイデアをもう少し練り直さなければならないことになります。

たとえば、本は上代が一五〇〇円前後ですから、間違ってもお客さん一人ひとりに書店員さんがくわしく説明することはできないわけです。そのため、タイトルだけでそのアイデアがわかるか、あるいはせめてPOPでアイデアを訴求できないと、いくら中身がよくても、なかなか売れません。だからこそ、本のタイトルは、ある意味、ラテラル・シンキングの賜であり、そういった考え方を学ぶための宝庫でもあるのです。


また、複数のアイデア、たとえば二つのマーケティング方法を同時に打ち出したとき、明らかに調子がいいマーケティングとそうでないマーケティングに分かれたら、調子がいいものにリソースを集中特化することが、生まれたアイデアを育てるコツになります。多くの場合、見込みのないアイデアに投資が過剰になり、うまくいきそうなアイデアへの投資が過小になりがちなのです。

たくさんのアイデアを出して、まずは試してみる。平凡なやり方のように聞こえますが、これこそが王道なのです。

③ アイデアがうまくいかないときにこそ、失敗から学んで早く修正する

講演会での質問コーナーや、『勝間和代のインディペンデントな生き方実践ガイド』（ディスカヴァー）の読者の方のためのウェブ上での相談コーナーなどを合わせると、だいたい一か月に五十〜百件の質問を受ける機会があります。そこで気づいたのは、驚くほど多くの人が失敗を恐れて前に進めないことに悩んでいらっしゃることです。

しかし、失敗は、すべてが悪いわけではなく、次のような種類があると、私は考えています。

●よい失敗　未知の状況の中で、限られた情報から、見込める最大リスクの範囲内でベストの判断だと思って行ったけれども、結果的に失敗になったもの

●悪い失敗①　一度行ったことがある種類の失敗を、自分の能力を過信したり、過去の失敗を否定したりして、単純に繰り返すもの

●悪い失敗②　はじめての失敗であるが、自分の能力を過信し、失敗したら取り返しがつかない結果（＝即ゲームオーバー）を招くにもかかわらず、無謀なチャレンジをしてしまうもの

●悪い失敗③　失敗を恐れて何もしないうちに、結果として現状が悪くなってしまって、何もしないことが失敗になってしまうもの

よい失敗については、どんどんすべきだと思います。もし、悪い失敗をしてしまったなら、やってみて恥ずかしいと自分で感じることがまず必要です。

特に、悪い失敗③については、それが失敗だということになかなか気づけないため、対処が遅れがちになります。日本でいちばん多い失敗は、実はこのタイプの失敗ではないでしょうか。

ラテラル・シンキングで浮かぶようなアイデアは斬新なものが多いので、失敗はつきものです。しかし、その失敗を成功へのプロセスだととらえて、そこから何を学べるのかを考え抜くことです。同じ失敗をせず、よりいいものをつくっていくプロセスが重要です。

失敗について、友人の第一生命のトップセールスレディの柴田知栄さんから聞いた、忘れられないフレーズがあります。それは、**「私には断られたお客さまはいない。まだ成約していないお客さまはすべて、営業途中のお客さまである」**という言葉です。契約がうまくいかなかったことが一時的にあったとしても、それは成約という成功に至るプロセスだと考えているわけです。

私はこのことを別の言い方で、

「じゃんけんよりもやや確率のいい勝負をし続けろ」

と表現しています。

たとえば六十％の勝率があるアイデアなら、五回チャレンジを繰り返して、一度も成功しない確率はわずか一・〇二％です。ふつうはアイデアを出すたびにだんだん勝率が上がっていくものですから、何回も繰り返せば、逆に成功しないことのほうが珍しくなります！

（ただし、悪い失敗①をどんなに繰り返しても勝率は上がりませんし、ましてや悪い失敗②をすると、その時点でゲームオーバーになり、ゲームへの参加権自体も失ってしまいます。）

この本の出版社であるディスカヴァー・トゥエンティワン社の干場社長をはじめ、いろいろな方が私のことを「実践の人だ」と表現してくれるのは、たぶん、私がじゃんけんをし続けているからだと思います。

本を出すペースが速すぎるといわれることもありますが、これは、本を出版することで、市場の評価を受け、それで新しい学びを得るための私のプロセスでもあります。

「よい失敗」の回数が多いほど、成功につながるスピードが速まるからです。

ただし、その際には慎重に、取り返しのつかないような失敗はしないというリスクの範囲で、アイデアを試しているのです。

失敗のプロセスそのものが思考の過程であるという発想を、ぜひ身につけてください。

④ 他の人とのかかわりの中でアイデアを醸成する

多くのラテラル・シンキングのアイデアは、一人で黙々と考えたものではなく、人と話をしていて急に浮かんだり、何かのピースが足りないときに、そのヒントを思いもかけない人がくれたりして生まれることが多いものです。

ラテラル・シンキングの一つの特徴である、いろいろな見方をするということについても、他者と話をするだけで、すぐに解決できます。先に挙げた①～③の実践方法も、基本的には人からアイデアを集めて、それをまた他の人に試してみて、という繰り返しを表したものにすぎません。

コンピュータはいろいろなものを包括的に分析し、論理的に展開していく論理思考が得意ですが、ラテラル・シンキングについては、圧倒的に人間のほうが得意です。そして、一人で行うよりは、協力者といっしょに行ったほうが、いい考え方が出やすいのです。

いわゆるブレスト（ブレーンストーミング）といわれるようなアイデア出しのための会議も、それぞれの参加者がラテラル・シンキングを試みることで、また新しい組み合わせやアイデアの種が出てきて、それがまた新しい考え方を生んで、という好循環を回すために存在するわけです。

だれと話すか？

では、他の人とただいたずらに話せばいいかというとそうでもなく、次の二点について注意する必要があります。

コツ①　アイデアを試す相手やブレストをする相手を厳選すること
コツ②　相手が**「素人マーケター」**モードになっていないか、注意すること

一つめのコツは、**情報交換をする「相手を選べ」**ということです。いい相手と話をしない限り、時間がムダになるばかりか、せっかく熟成してきたいいアイデアを意味もなく批判されたりして、やる気がなくなります。ラテラル・シンキングを行う相手としては、次のいずれかの要件を満たしている必要があります。

要件①　**需要者の視点**　考えているサービス、プロダクト、手続きなどの利用者または利用者候補であること
要件②　**供給者の視点**　考えているサービス、プロダクト、手続きなどについて、何らかの形で関与する専門知識を持っていること

情報に関しては、

「Garbage In Garbage Out」（ゴミを入れてもゴミが出るだけ）

と習いました。

これは、ない知恵や考え違いの知恵（?）をいくら集めても、残念ながら、いい知見は出ないということです。そのため、知恵の材料としては、何らかの形で今考えていることにキラリと光るような人が重要です。

要件②のような、供給者としてよい視点を持っている人は、ラテラル・シンキングの助けになります。しかし、問題が生じたときにいきなり助けを求めても、相手が困惑するだけですし、アイデア醸成のための時間的な制約も大きくなります。そのため、困ったときにだけつきあうのではなく、ふだんからメール交換やランチ、ブログの交互閲覧などを通じて、いつも緩やかに関係を保っておくことをお勧めします。むしろ、その日常的な会話や集まりで得ている情報が、アイデアに生きてくるものです。

もちろん、継続的な関係があれば、そういった日常的な情報だけでは足りない場合に、メールや電話、場合によってはミーティングなどでも助けを求めやすくなります。

とはいえ、要件②のような専門的な視点がある人はなかなか周りに少ないものです。でも、要件①のような、考えているサービス・商品などについて、より顧客側に近い人でしたら意外とたくさんいます。ブレストパートナーとして、意見をいろいろ聞いてみることです。

また、そういう人については、サービス・商品を考えるとき、「○○さんだったら、この商品を買ってくれるだろうか、この機能をどのように評価するだろうか」と考えることで、アイデアに具体性を持たせることができます。そして、ある程度、試作品ができたり、デモや企画書ができたら、そういう人たちに意見を聞いて知恵をもらうことが大きな助けになります。

ただし、このような要件を持っている人たちと話をするときも、気をつけなければいけないのがコツ②の**「相手が『素人マーケター』になっていないか」**という点です。素人マーケターとは、その人の経験や知識に基づく部分から話をするのではなく、いきなり第三者の視点に立ってしまって、思いつきや勘で、詳しくもないのに口出しをしてくることです。

たとえば、何か新しいものを紹介したときに、「私は買わないけれども、こういうふうに工夫したら、ほかの人には売れると思うよ」と言ってきたりすることです。もちろん、そういった話の中に、目から鱗が落ちるようなことはゼロ、ということはないと思いますが、多くの場合はただ話をかき混ぜているだけです。

これは、ブレストを行うときにも、フォーカスインタビューを行うときにも、陥りやすい罠なのでぜひ注意してください。専門知識のない上司に企画を持っていくと話がおかしくなることがよくありますが、これは、専門知識も情報もないのに、何か上司として言わなければいけないからと、この「素人マーケター」になってしまっているからでしょう。

この章をまとめてみましょう。

水平思考力とは、論理思考力のように絞り込み、掘り下げる方法ではなく、前提を疑ったり、違う見方をしたり、組み合わせたりしながら、新しい考えを求める考え方です。

コンピュータと違い、人間はよい情報があれば、創造的な回答にたどり着くことができます。しかし、そのためには、つねに問題意識を頭の片隅に置きながら、自分の新しい体験や、よい人とのつきあい、良書とのつきあいの中で、「あれ、これってこの問題に使えるのでは？」と、ピン!!とくる感覚が大事になります。

論理思考力に比べると習得にやや時間がかかるスキルですが、習得できれば周りとかなり差別化できるスキルになりますので、うまくチャレンジしてみてください。

第5章

三つめの力
視覚化力
Visualization

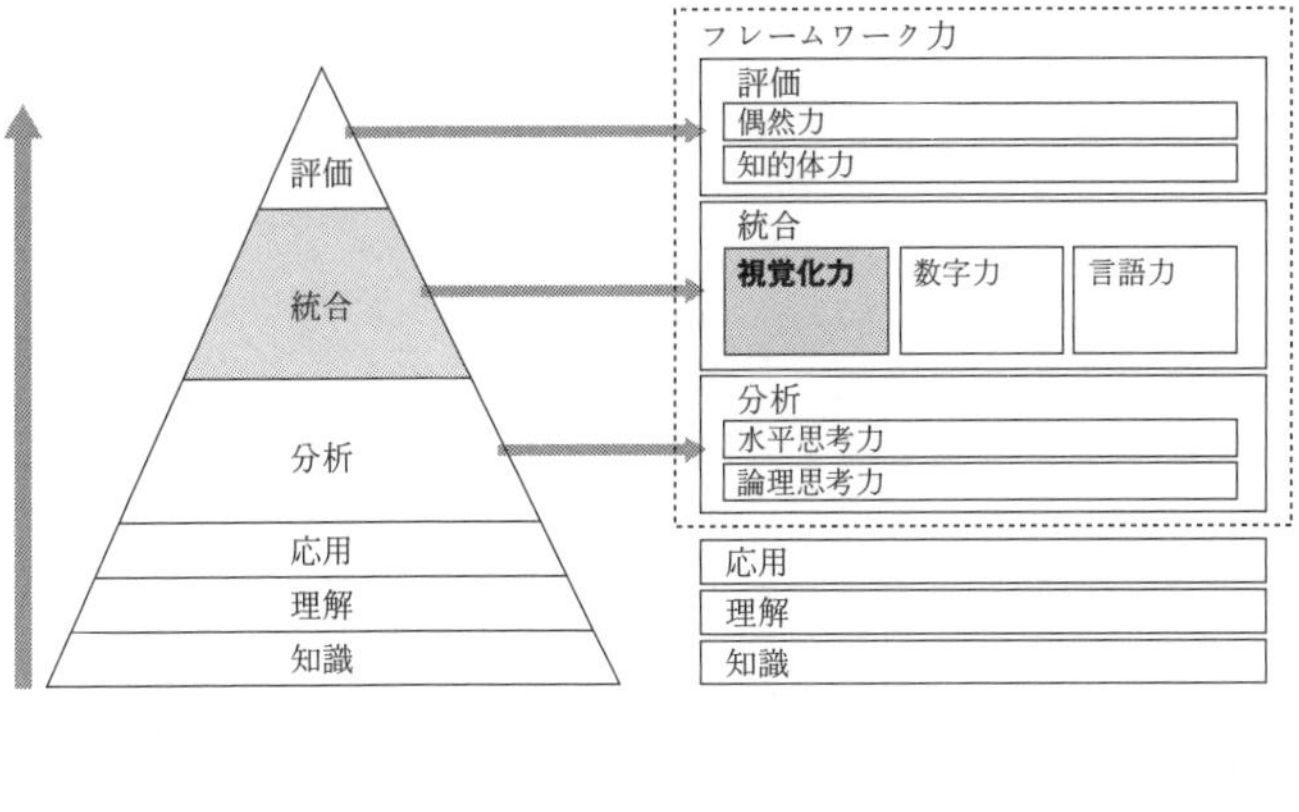

視覚化力をわかりやすくいうと

論理思考力、水平思考力で分析的な考え方ができるようになりましたら、次は統合的な考え方に移りましょう。

分析したものをもう一度、新しいものに組み直すには、**視覚化力、数字力、言語力**の三つが必要になります。なぜなら、統合には、自分との、そして他者とのコミュニケーションが重要で、**この三つで統合をしてはじめて、考えを整理し、人と共有することができる**ようになるからです。

最初は、視覚化力から説明します。ここでは視覚化力を、英語のVisualization（ビジュアライゼーション）の邦訳として使っています。**Visualizationとは、何かの概念やものごとをVisualにする、すなわち、画像にして目でわかりやすくする**ということです。

もちろん、あとで出てくる「数字」や「言語」もVisualには違いないのですが、ここでいうVisualとは、どちらかというと、右脳に、より直接的に訴えかけるようなイラストやグラフ、写真のようなものを指します。さまざまなVisualなものの中で、特殊形態のものが「数字」や「言語」なのです。

ここで、読者のみなさんにテストをしてみます。

目をじっとつぶって、目を一瞬だけ開けて、また目を閉じて、その一瞬で見たものをできる限りたくさん思い出してください。そう、自分がデジカメになったような気分になって。

どうでしょう。目を開けてすぐに目を閉じると、びっくりするくらい多くのものを覚えているはずです。なぜかというと、私たちが一度に処理できる画像としての情報の量は、文字や数字による情報に比べて何百倍にも及ぶからです。ふだんは、その画像情報の中から取捨選択された一部が、言葉や数字といったわかりやすいフレームに整理されたうえで、情報として認識されるのです。

たとえば、私は昨日、外で鍋焼きうどんを食べていて、ふと野菜を持ち上げたときに、どうも自然でない光が目に入り、あわててはしを止めました。よく見てみたら、野菜を包んでいた緑色のビニールが、野菜に付着していたのです。

これは、私がわざわざゴミを探そうとスキャニングをしていたわけではなく、画像情報としてまず、変なものがある、というシグナルがあり、それがビニールのゴミだ、という認知につながったわけです（そのうどんはお店が交換してくれました）。

ただ、視覚情報から取捨選択するということに頭の使い方が慣れていないと、**整理していく過程で、ほんとうは役に立つ多くの情報を取りこぼしてしまいがちです**。違う人が同じものを見ていても、そこから受け取る情報の量と質が異なるのは、このためです。

私のお勧めは、自分の中で考えをまとめるときにも、人に情報を伝えるときにも、もっとも、文字・数字以外の画像を使ってコミュニケートすることです。

たとえば、私が提案したChabo!という印税寄付のプログラムのイメージは、すべて画像の組み合わせから始まりました。画像でのChabo!のロゴ、画像での支援先の様子、そしてそれを手に取ってくれた読者の顔や反応、こういったものをこれまで分析してきたデータを使って、画像でイメージしたのです。

ふだんから画像を使って考える習慣が身につくと、画像を使う習慣がない人に比べて、思考の幅が、文字どおり桁違いに変わります。私たちにとっても、受け手にとっても、文字を処理するより、画像を処理するほうがずっとわかりやすく楽しいものです。だからこそ、読書よりマンガや映画を楽しむ人口のほうがずっと多いのです。

したがって、ふだんの思索の場でも、ビジネスの場でも、**上手に視覚化力を使えるようになることで、情報の入力においても、考えるプロセスにおいても、出力についても、大きな差別化ができます。**

もうひとつ、いいことをお知らせしますと、論理的思考やこのあと説明する数字力、言語力などは、すでに多くの人が着手しているため競争も激しいのですが、**第四章の水平思考力やこの視覚化力は、ビジネスの場で使い切っている人が少ない。つまり、考え方の穴場**なのです。視覚で処理する、視覚で統合するということをふだんから意識するだけでも、大きな飛躍ができることを保証します。

視覚化力は、以下の二つの切り口で身につけることができます。

切り口1 **基本となる三つのテクニック（画像のパワーを使う、デザインの力を身につける、画像と文字を組み合わせる）を知る**

切り口2 **身につけるための四つの実践方法（イメージ・ストリーミング、マインドマップ、チャート化、夢の活用）を繰り返す**

視覚化力を身につけるための三つの基本テクニック

画像のパワーを使う、デザインの力を身につける、画像と文字を組み合わせる

人がものを理解するときに、視覚がメインで理解する人、聴覚がメインで理解する人、触覚がメインで理解する人と、さまざまなパターンがありますが、特に日本人に圧倒的に多いのが、視覚をメインに理解する人です。パワーポイントの資料などを「Visual Aids」(視覚的に助けとなるもの)という表現をするのも、そのためです。

「分析」のステージでは、ロジカルとラテラルが組み合わされると強力だったように、「統合」のステージでは、数字と言葉に画像を組み合わせることで非常に強力になります。

ところが、なぜか学校教育では、言葉と数字に比べ、視覚化力についての訓練がほとんどなされていないようです。そこで差別化のためには、まずは視覚化力をつけると、とても効率がいいのです。

以下、これまでの章のように、具体的に説明していきましょう。

①画像が持つパワーを理解し、効率的な情報処理方法として活用する
②「デザイン」の力と意味を身につける
③画像と文字の情報を組み合わせ、相互の活性化につなげる

①画像が持つパワーを理解し、効率的な情報処理方法として活用する

まずは、次のページの表を見てください。これは、日本の主要な耐久消費財の世帯普及率をまとめた統計です（出所：主要耐久消費財等の普及率（一般世帯）、経済産業省）。

これを見て、内容が理解できる人は、ほぼゼロだと思います。

	温水洗浄便座	ルームエアコン	カラーテレビ	DVDプレイヤー	デジタルカメラ	パソコン	乗用車
1962		0.4					2.8
1963		0.7					5.1
1964		1.3					6.1
1965		1.7					6.0
1966		2.0					9.2
1967		2.0	0.3				12.1
1968		2.8	1.6				9.5
1969		3.9	5.4				13.1
1970		4.7	13.9				17.3
1971		5.9	26.3				22.1
1972		7.7	42.3				26.8
1973		9.3	61.1				30.1
1974		12.9	75.8				36.7
1975		12.4	85.9				39.8
1976		17.2	90.3				41.2
1977		19.5	93.7				44.0
1978		25.7	95.4				48.7
1979		29.9	97.7				51.7
1980		35.5	97.8				54.6
1981		39.2	98.2				57.2
1982		41.2	98.5				58.5
1983		42.2	98.9				62.0
1984		49.6	98.8				62.9
1985		49.3	99.2				64.8
1986		52.3	99.1				67.4
1987		54.6	98.9				67.4
1988		57.0	98.7			11.7	70.6
1989		59.3	99.0			9.7	71.9
1990		63.3	99.3			11.6	76.0
1991		63.7	99.4			10.6	77.3
1992		68.1	99.3			11.5	79.5
1993	14.2	69.8	99.0			12.2	78.6
1994	17.6	72.3	99.1			11.9	80.0
1995	21.3	74.2	99.0			13.9	79.7
1996	23.6	77.2	98.9			15.6	80.0
1997	26.3	77.2	99.1			17.3	80.1
1998	30.3	79.3	99.2			22.1	82.6
1999	33.9	81.9	99.2			25.2	83.1
2000	36.5	84.4	98.9			29.5	82.5
2001	41.0	86.2	99.0			38.6	83.6
2002	43.2	86.2	99.2			50.1	85.3
2003	47.1	87.2	99.3	19.3	22.7	57.2	84.4
2004	51.7	88.8	99.4	25.3	32.0	63.3	86.4
2005	53.0	87.1	99.0	35.4	51.8	65.7	86.0
2006	59.7	87.0	99.3	49.0	46.2	64.6	81.6
2007	62.7	88.2	99.4	61.1	53.7	68.3	83.9
2008	65.3	88.6	99.5	65.1	58.9	71.0	83.9

郵　便　は　が　き

料金受取人払

麹町局承認

700

差出有効期間
平成21年
7月20日まで
(切手不要)

1 0 2 - 8 7 9 0

210

東京都千代田区三番町8-1

Discover
ディスカヴァー　行

ディスカヴァーの本をご注文くださる場合は以下にご記入ください。

●このハガキで小社の書籍がご注文になれます。
●ご注文の本は、小社が委託する本の宅配会社ブックサービス(株)より、1週間前後でお届けいたします。代金は、お届けの際、下記金額をお支払いください。
　＊お支払い金額＝税込価格合計＋手数料
　(手数料は税込価格合計1500円未満の場合500円、1500円以上の場合200円)
●電話やFAX、ホームページでもご注文承ります。
http://www.d21.co.jp TEL:03-3237-8321 FAX:03-3237-8323

ご購入になる書名	税込価格	冊数

(フリガナ)
ご氏名　　　　TEL　(　　　)

(フリガナ)
ご住所

勝間和代のビジネス頭を創る7つのフレームワーク力　　愛読者カード

◆本書をお求めいただきありがとうございます。ご返信いただいた方の中から、抽選で毎月5名様に**オリジナル図書カード（1000円分）をプレゼント！**◆小社の新刊や読者プレゼント、イベント等のご案内、アンケートをお送りすることがあります。**◆メールアドレスをご記入いただいた方には**新刊情報や既刊のコンテンツをピックアップした小社のメルマガをお届けします。

フリガナ お名前	男 女	19　年　月　日生　歳
e-mail (PC)　@ e-mail (携帯)　@		
ご住所　（〒　－　） 電話　（　）		
ご職業　1 会社員（管理職・営業職・技術職・事務職・その他）2 公務員　3 教育職 4 医療・福祉（医師・看護師・その他）5 会社経営者　6 自営業 7 マスコミ関係　8 クリエイター　9 主婦　10 学生（小・中・高・大・その他） 11 フリーター　12 その他（　）		
本書についてのご意見・ご感想をお聞かせください		

ご意見ご感想は小社のWebサイト上でも簡単に送信できます。→http://www.d21.co.jp/html/c58.html
ご記入ありがとうございました。ご感想を匿名で広告等に掲載させていただくことがございます。ご了承ください。
なお、いただいた情報が、上記の小社の目的以外に使用されることはありません。

主要耐久消費材の普及曲線

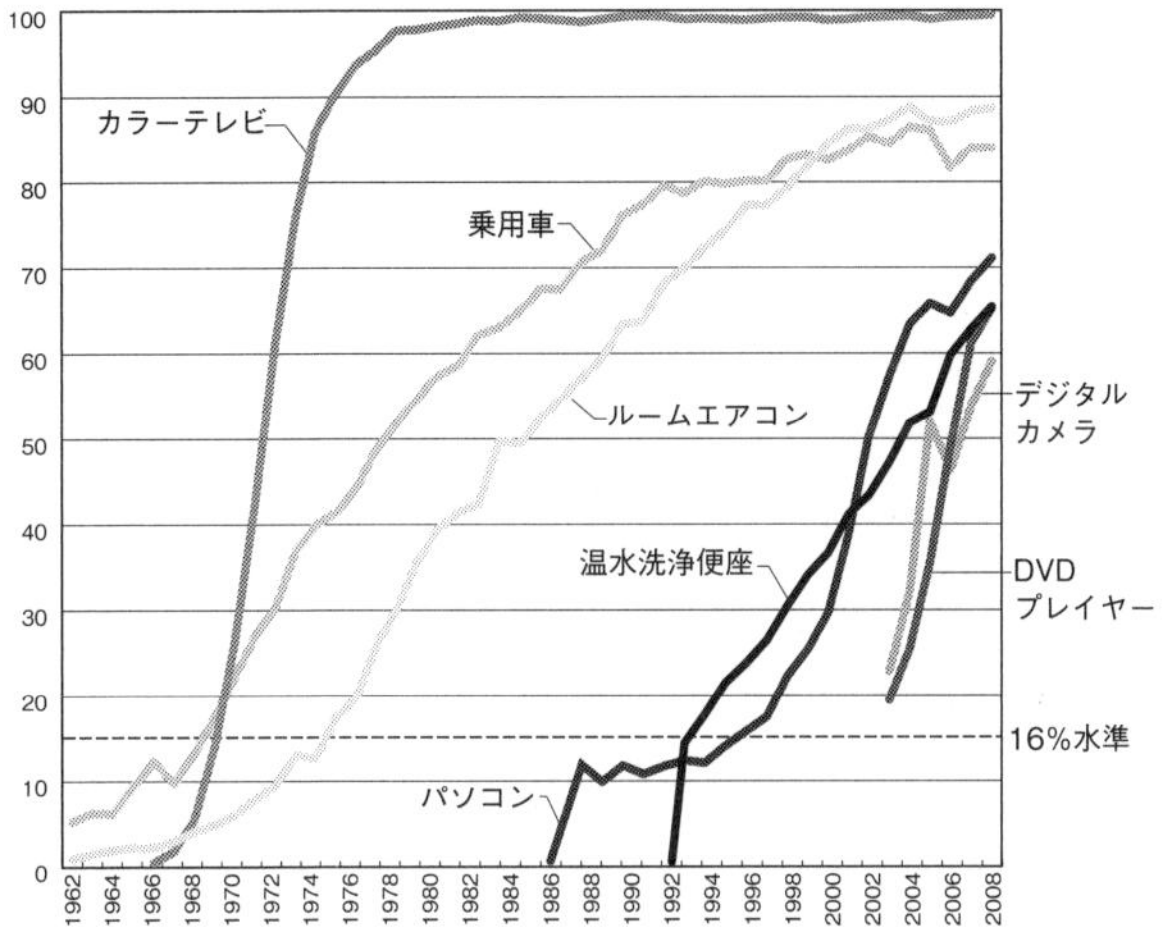

しかし、これをグラフにするだけで、突然、私たちの情報の処理能力は格段に上がり、意味が理解できるようになります。

このグラフを見てわかることは、いくつもあります。たとえば——

①耐久消費財はS字といわれるカーブの形状で上がっていることが多い

②エアコンや乗用車に比べると、テレビの普及がいかに急速で、生活を大きく変えてきたかがわかる

③パソコンの家庭普及率は実はまだ七十%しかなく、デジカメがもうすぐ抜きそうだ

④温水洗浄便座の普及率は意外と高い

などです。

実にびっくりしませんか？

これはどのような仕組みからくるかと言いますと、脳のはたらきは、おもに言語処理を行う左脳のプロセスと、画像処理などを行う右脳のプロセスに分かれており、**右脳を使うと、ふだん私たちが使っていない部分の考え方が活性化され、五感が働きやすくなる**のです。

したがって、グラフを見ると、単に①〜④のことに気づくだけではなく、「そういえば、自分の家に、車がきたのは○年だったな」とか、「うちがデジカメを買ったのはこのタイミングか」など、関連する情報も浮かびやすくなり、脳が活性化するのです。

フォトリーディングの速読以外の効用

私が二〇〇四年にフォトリーディングの講習を受けてから、自身のいろいろなビジネスが活性化し、独立や著作活動につながったことは、あちこちでお話ししてきていますが、フォトリーディングの講習は、私にとって次の二つの効果があったと思っています。

フォト 画像処理の重要性を体感したこと
リーディング 良書を多く読む習慣がついたこと

特にフォト、すなわち画像のままもっと多くの情報を受けとめるという部分は、それまであまり意識してこなかったことだったので、大きな効果がありました。どこに行っても、観察した状況から、画像的にどのようなメッセージを受けとるのか？　それはなぜか？　それぞれの色はどういう意味があるのか？　形は？　デザインは？　全体の雰囲気は？　など、文字に落ちにくい情報を入手する習慣がつきました。

そして、いったん画像を意識しはじめると、今度は文字や数字よりもよほど画像のほうが情報量が多く優れているということがわかり、たとえば次のような情報を見るクセもつきました。

- ●今会っている人の服装・髪型は何を示すのか？
- ●どのような顔で、どのような表情なのか？
- ●感じがいい人と悪い人の表情の違いは何か？
- ●売れている商品と売れていない商品のパッケージ上、デザイン上の違いは何か？
- ●売れている小説がどのように画像的な描写を文字に落としているのか？
- ●人気のある漫画があった場合、画像的に何が優れているのか？

このような情報を、左脳を通じてフレームワークをためていくのと同じように、右脳を通じて、画像の形で格納していくのです（たとえば、先ほどの耐久消費財の統計も、数字で覚えるのはたいへんですが、グラフのイメージでしたら、多くの人がすぐに記憶することを想起することもできるでしょう)。

私が本の中で、イラストやチャートを多用しているのも、意識的に行っていることです。右脳が刺激されることで、意味がとりやすく、記憶に残りやすくなるからです。

何かを統合して表現する際には、ぜひ**イラストやグラフ、図解などを使う訓練を意識的に行ってみてください。**そのためには、さまざまなものを画像のままイメージし、画像のまま処理するという習慣をつけることをお勧めします。

②「デザイン」の力と意味を身につける

デザインというと、ふつう意匠デザイン、すなわち、どのような色、形状をしているかを指すことだと考えると思います。けれども、ここでいうデザインとは、機能デザインであるとか、人をガイドするという意味で、設計ということも含めた、広義の意味でのデザインです。

では、デザインの力とは何でしょうか?

アフォーダンスの概念

デザインについては、アフォーダンスという理論を紹介したいと思います。アフォーダンスというのは、英語でいうと「afford」、「与える」という意味で、いろいろなものやことについて、**私たちに、それを用いて何ができるのかを認識させること、**と言いかえることができます。

たとえば、私たちは、コップを見ると、その形から、それがいったいどういうものを私たちに「アフォード」、すなわち与えてくれるものなのかすぐにわかります。液体でも個体でも、そこに入れるものだということが即座にわかるわけです。ところが、ロボットにはこれがわからない――これが「アフォーダンス」の概念です。

つまり、デザインというのは、モノに備わったものであり、人が知覚できる行為の可能性ということです。たとえば、キーボードを見たとき、私たちは、これを押すと何かが出てくるんだということについては認知できますし、電話の受話器の形を見ると、ああこれは握ってよいものだということがわかる。丸いボタンの中に数字が書いてあるのを見れば、ああこのボタンを押すと、その数字が出てくるんだなということがわかる。これがアフォーダンス、そしてデザインの考え方です。

このアフォーダンスの考え方が重要なのは、デザインとは、その受け手に、それが自分に対し何をアフォードしてくれるものかを指し示すために使うということだからです。たとえば、本書の装丁、イラストやグラフ、図解なども、読み手にどういう理解をアフォードするのかを考えて設計してもらっているつもりです。

つまり、グラフ一つをとっても、縦軸、横軸の目盛りの大きさをどうするのか、余計な情報を排除するにはどこまでを入れるのか、折れ線グラフのラインも、破線なのかふつうの直線なのか、太さは、色はと、それによって伝わる意味を考えて、デザインするわけです。

パスモやスイカのタッチパネルが手前に傾いているのは？

デザインのこの重要性について私は、二人の優秀なデザイナーの方から直に学ぶことができました。

一人めは、工業デザイン、インダストリアル・デザイナーとして有名な山中俊治さんです。山中さんは、インダストリアル・デザイナーとしてははじめて、「毎日デザイン大賞」を受賞した方で、たとえば、自動改札のパスモやスイカのタッチパネルの部分も、山中さんのデザインです。

みなさん、あれが、下の写真のように、軽く手前に向かって傾いていることにお気づきでしたか？

なぜ傾いているのかというと、傾いていることによって、私たちは自然にそこがタッチする場所だと、事前に認識するからだそうです。水平にしてしまうと、それに気づくのが、平均してほんのコンマ数秒遅れてしまい、そのコンマ数秒の遅れで、ゲートが閉まってしまったりするのだそうです。

で、この問題を解決するために、山中さんが考案したのが「わずかな傾き」だったわけです。ただ、これも最初から回答がわかっていたわけではなく、今の手前に少し傾いた形に落ち着くまでには、横に傾けたり、くぼみをつくったりなど、いくつかのプロトタイプをつくり、実際に人を通してみて検証した結果、今の傾きが最適だということになったとうかがいました。

まさしくこれがデザインの力です。

ポスターの色やフォント（文字）にも意味がある！

私にデザインの重要性を教えてくれたもう一人のデザイナーは、高校時代の同級生でもある西野純子さんです。西野さんは、パッケージデザインやポスターのデザインなどが専門で、業界では、たとえば、栗原はるみさんのおすそ分けシリーズやキリンのファイヤーという缶コーヒーのデザインを担当したことで知られています。

友だちのよしみで、自分でつくったウェブサイトや名刺のデザインを西野さんに直していただくことがあるのですが、そのたびに目から鱗がボロボロ落ちます。

たとえば、最初、自分でウェブをつくった際、私はいろいろな色を使っていました。でも、それは典型的な素人の仕事でした。一つひとつの色にはそれぞれ意味合いがあり、たとえば茶色を使うのであれば、その茶色が何を表すのか、オレンジを使うのであれば、そのオレンジは何を表すのかということを、一つひとつチェックして使わなければいけなかったのです。

フォントも同様です。Aというフォント、Bというフォント、Cというフォント、すべて意味があります。見た人が受ける意味、印象が異なります。

論理思考のところで、ピラミッド構造の話をしましたが、ウェブや名刺のデザイン一つにも、そのピラミッド構造が必要です。きちんとしたピラミッド構造があってはじめて、どこの部分に、どういうフォントを使って、どういう色にすべきなのか、ドット一つ、句読点一つにも、余計な情報が含まれていないかが検討でき、デザイン設計ができるのです。

私は西野さんからドット一つについても、「これは何の意味があるのか。意味がないのなら、外したほうがいい」と言われてはじめて気づきました。

ポスターやパッケージを目にしたとき、私たちは無意識のうちに、そこからメッセージを受けとります。それらが全体として何を言いたいのかを右の脳で感じとります。それが、優れたデザインの力です。私たちはデザインのプロではありませんので、同じことはできないでしょうが、それでも、ふだん、何かを表現する際には、それが受け手に何をガイドし、何をアフォードするのかを意識することが必要です。デザインの力を見くびってはいけません。

ですので、デザインについてひととおりの勉強をし、ある程度の知識を得ることは、さまざまな表現力、広い意味でのコミュニケーション力を高めるうえで、非常に大きな力となります。絵の勉強、デザインの勉強、ポップの勉強、あるいは造形の勉強、何でもいいです。お休みの日に、積極的に美術館めぐりをするのも有効だと思います。日ごろから、美術的なもの、さまざまな優れたデザインにふれる機会を増やすことをお勧めします。

③ 画像と文字の情報を組み合わせ、相互の活性化につなげる

さて、画像と文字が組み合わさると、非常にパワフルなメッセージになります。画像と文字の情報を組み合わせた表現方法のいちばんわかりやすい事例の一つが漫画です。

なぜ漫画は、あんなに楽しくておもしろいのでしょうか。それは、絵と文字がそれぞれ一体となって私たちの脳を刺激し、どちらか一方だけのときより頭の中にイメージを描きやすいからです。では、そうした漫画の手法をビジネスの場に利用できないでしょうか。

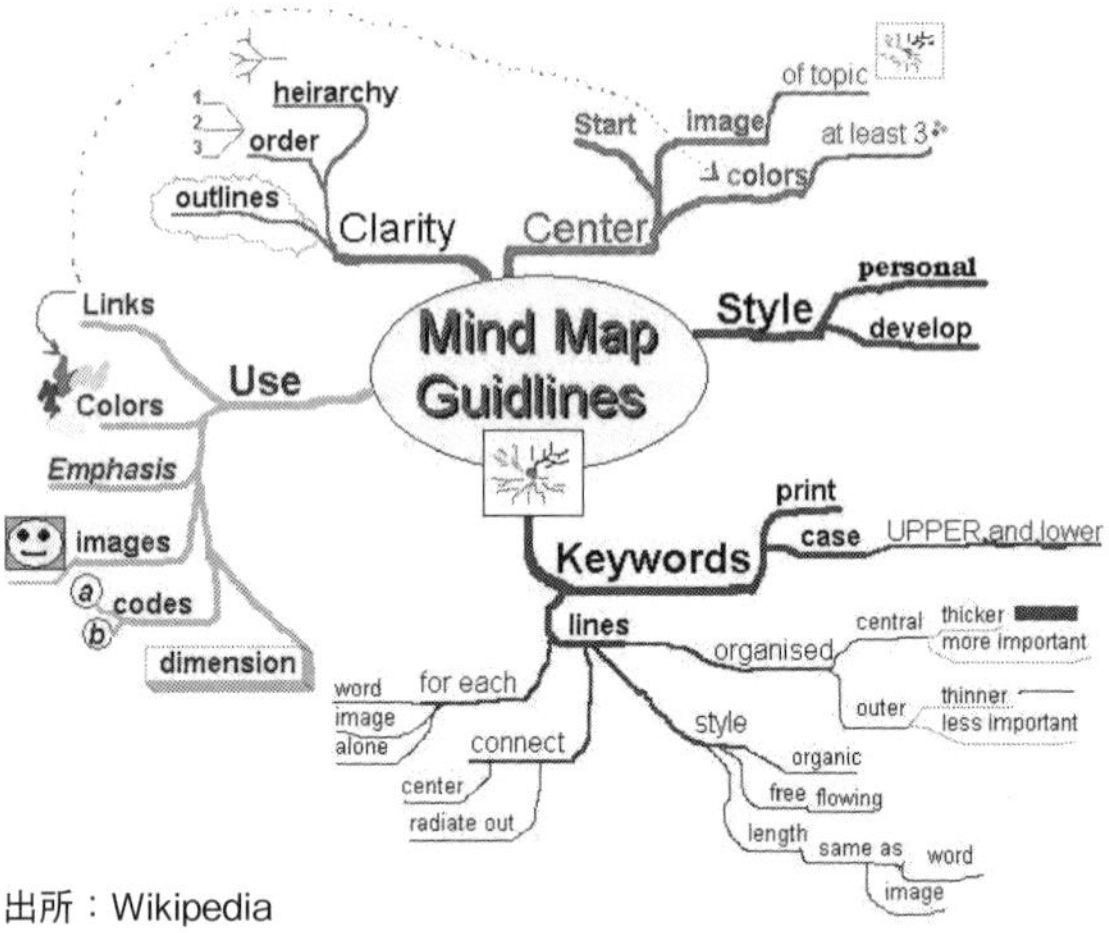

出所：Wikipedia

たとえば、プレゼンテーションを行う際、ワードのベタ打ちをスクリーンに映し出して行うのと、クリップアートや画像をふんだんに使ったパワーポイントを用いるのと、相手に伝わる情報はどちらがリッチか、言うまでもありませんね。

マインドマップもそうです。

これは、文字を中心に言葉を関連づけながらメモをとり、アイデアを広げたりまとめたりしていく手法の一つですが、このとき、文字だけではなく、必ず色を加えたり、絵を加えたりします。そうやって、右脳と左脳の両方を刺激しながらつくっていきます。

これらを見ると、画像と文字の、それぞれ

いいところ取りをしていることがわかります。

画像のよいところは、これまで繰り返してきましたように、情報量が多いことです。何を示しているのかが、一目でビット数的に大きく表れるわけです。

では、文字のよいところはというと、それにより、複数の人が、より少ないブレで、共通認識を持つことができることです。

たとえば、人の名前の覚え方を考えてみてください。

多くの人は、その人の顔と姿、服装、髪型や眼鏡、目の力と位置、そういったものを中心に画像イメージを浮かべながら、この人は鈴木太郎さん、山田花子さんというように、社名や名前のタグをつけて、記憶しているのだと思います。

ところが、この画像だけで、別の人との間で共通認識を持つのはむずかしいはずです。つまり、「ほら、あの丸顔の背の高い、あの人よ」などと言っても、相手は別の「丸顔で背の高い」人を思い浮かべているかもしれないわけです。でも、○○会社に勤めている鈴木太郎さんといえば、一度で話が通じます。文字情報はブレが少ないと言ったのはこういうことです。

でも一方で、鈴木太郎さんという名前を思い浮かべるときに、頭の中にあるのは、鈴木さんの画像、顔だと思います。少なくとも「鈴木太郎」という文字ではないはずです。このように、私たちは、画像と文字をうまく組み合わせて、記憶したり、情報交換をしたりしているわけです。

ですので、ふだん、情報をだれかに提供し共有しようとするときは、この働きを利用し、意識して、画像と文字とをセットにし、タグをつけながら説明していくということです。

また、そのタグもむやみにつけるのではなく、場合分けをしたタグをつけるようにします。画像も情報量が多い分、つくるのもたいへんですので、むやみやたらに使うよりは、ここぞという重要なときに使うようにします。

画像と文字の組み合わせにより、体験的に伝わる

画像と文字を組み合わせることのいちばんの利点は、そのことによって、それまでの経験、体験により、私たちの無意識層にたっぷりたまっているいろいろなデータベースを呼び起こしてくれることにあります。

実際、文字だけでも画像だけでもなかなか伝わらなかったものが、画像と文字を組み合わせて説明すると伝わる、ということが多いものです。

それは、**こちらの情報が、相手の頭の中で、過去の体験のデータベースの中の類似のものと組み合わされピピッとつながって、相手の人自身の体験として立体化するからです。**そのときはじめて、相手は、こちらが言いたかったことをイメージできます。

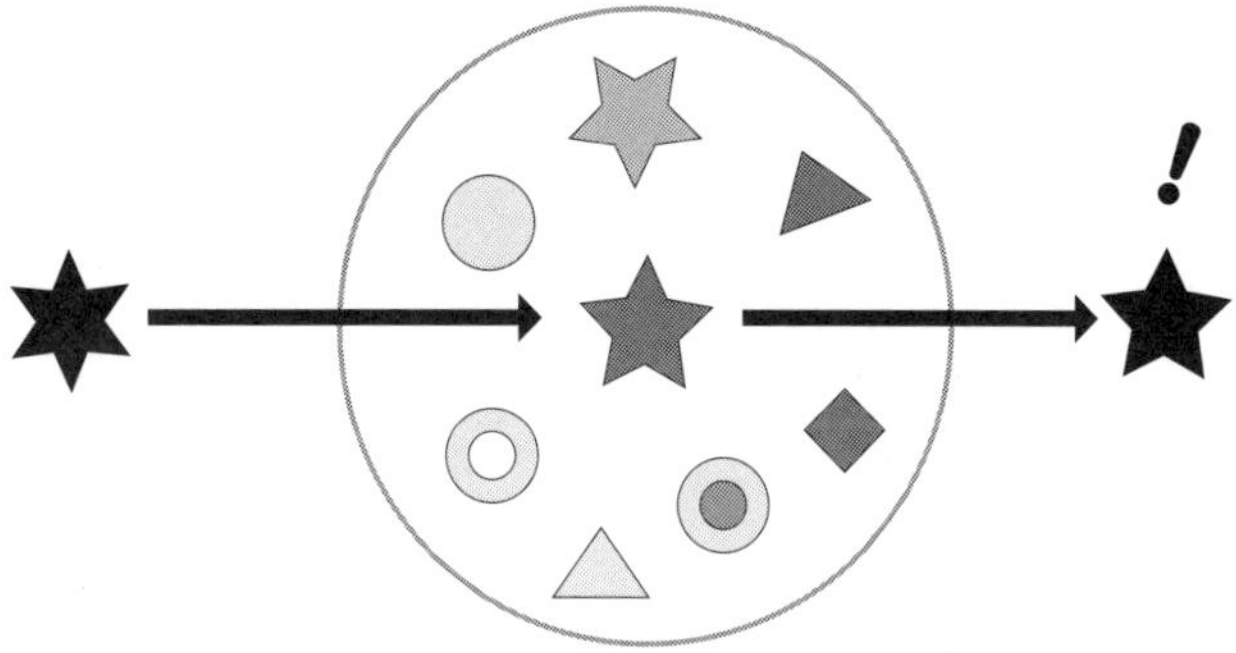

こちらの情報が相手の過去の体験のデータベースの中の
類似のものと組み合わさって認識される

これが画像と文字の組み合わせの力です。すなわち、相手の言っていることを自らの疑似体験としてとらえることができるのです。

もちろん、言葉だけでも同じことは可能ですが、たとえば先ほどのスイカの傾きも、写真を見ると一目瞭然ですぐに実物と体験を思い出せたように、とてもよい補助になります。

そういうわけで、人に何かを説明するときは、文字だけの情報ではなく画像を組み合わせ、相手が持っている経験値をより生かしやすいような形をとることをお勧めします。

視覚化力を身につけるための四つの実践方法

フォトリーディングとマインドマップ、イメージ・ストリーミング、イラスト・図表、夢の活用

次に、ビジュアライゼーション、視覚化力を身につけるための四つの実践方法について説明していきたいと思います。

①フォトリーディング＋マインドマップをマスターする
②イメージ・ストリーミングを習慣的に行う
③イラスト・図表をつねに意識して使うクセをつける
④睡眠を十分にとり、夢を活用する

①フォトリーディング＋マインドマップをマスターする

一つめの実践方法は、フォトリーディングとマインドマップの組み合わせです。

フォトリーディング

まず、フォトリーディングから。これまでの本の中で何回か述べてきたので、繰り返しませんが、フォトリーディングというのは、いわば、**画像を認識しつつも文字をあとで検索できるようにするテクニック**の塊です。

そんなことできるのかなと思う人がほとんどだと思います。実際、私もそうでした。でも、二〇〇四年十二月に習ったとき、ああなるほど、これは合理的な仕組みだな、と納得しました。

ふだん私たちは、一回訪れた場所や一回見たものをあとでもう一度見ると、なんとなく、あこれ知ってる、という感覚を持つと思います。フォトリーディングでは、最初に本をバーッとめくって、それと同じことをし、だいたいの感覚を持ちます。

そのうえで、自分が必要な情報は何かということを、文字あるいは質問の形で頭に描きながら、その本をスキャニングしていく、これが、フォトリーディングのおもなイメージです。

ですから、フォトリーディングの正式名称は、フォトリーディング・ホール・マインド・システム（Photoreading Whole Mind System）、すなわち、「フォトリーディングによって頭の中を整理し、考え方を決めながら新しい読み方をする」仕組みで、通常の速読のように十倍も百倍も速いスピードで文字を読む手法ではありません。むしろ、頭の中で画像をイメージしながら、どうしたら、この画像情報を使えるか、その発想力を鍛えるものです。

したがって、**フォトリーディングは、本をたくさん読めるようになることというより、その仕組みを理解することで、日常生活の中で、さまざまな画像を用いてイメージをつくり上げていくための訓練にこそ有効だ**と思います。

たとえば、ものを考えるときや何かを思い出そうとするとき、あるいは思い出しにくいことを思い出すとき、よく目をつぶると思いますが、なぜだかわかりますか？

実は、簡単なことで、そうやって外からの雑多な情報を遮断しているのです。目を開けていると、いろいろな情報が入ってきて、脳がそれを勝手に処理しはじめてしまい、肝心な考えごとが邪魔されてしまうからです。

これを逆に利用したのが、フォトリーディングの仕組みです。目は、知らず知らずのうちにいろいろなものを情報として仕入れてきますから、その仕入れた情報の中から、あらためて自分が必要な情報をサーチしよう、というわけです。

ですから、フォトリーディングで多読をしておくと、何か新しいアイデアを考えようとするときなどに、昔読んだあの本の、あのフレーズのここの部分が使えるんじゃないか、ということが、パパッと頭の中でつながって見えてくる、そんな状況が生まれます。

これは、実際にやってみていただかないと、なかなか言葉ではお伝えしにくいのですが、その仕組みをまとめると、**画像として残しておいた情報を、キーワードや質問にタグづけしておき、必要に応じて引き出す、という訓練をしておくと、その画像の情報が上手に使えるようになる**ということです。

マインドマップ

マインドマップも、フォトリーディングと同様、画像と文字を組み合わせた情報ですが、より積極的に自分の情報を残したいときに使います。

マインドマップの中央には、主題として画像も含めた形の情報を記します。マークとか自分のシンボルとしたい形、思い出しやすいものにするとよいでしょう。そこから、サブタイトル、サブサブタイトルと、ブランチ（枝）を伸ばし、構造化していきます（一七〇ページ図参照）。

できれば、それぞれの構造ごとにイラストをつけたり、色をつけたり、形をつけたりと、画像の力を利用しながら、私たちが頭の中で考えているイメージを、そのまま紙に映し出すよう工夫するとよいでしょう。

セミナーなどで得た新しい情報を、そのつど、マインドマップに落とす習慣をつけると、画像と文字の間を行ったり来たりしながら頭を使うことになり、とても有意義です。フォトリーディングしたあとで、覚えた内容をマインドマップに落とすというのもいいと思います。

このフォトリーディングとマインドマップについては、何はともあれ、実践してみることです。どちらも体操のようなスキルですので、体感しないとなかなかわかりません。独学のための本もありますが、それがむずかしい方には、セミナーの受講をお勧めします。

本とセミナーのＵＲＬは、巻末の参考文献に載せておきますのでそちらをご参照ください。

② イメージ・ストリーミングを習慣的に行う

視覚化力の実践方法の二番目は、イメージ・ストリーミングです。

イメージ・ストリーミングというのは、頭の中にいろんな画像を思い浮かべながら新しいことを考えていく訓練です。

座り心地のよい椅子に座った状態かベッドに横になった状態で目を閉じ、ずーっとイメージを思い浮かべます。そして、その思い浮かべたイメージを大きな声で説明していく、たったそれだけです。

私はよく寝る前にやりますが、たとえば、こんな感じです。

家を出て地下鉄に乗って職場に向かう道すがら、目に入った電柱、そこに文字が書いてあるのが読める。

住宅が続いている。そこにはどんな門構えの家があって、停まっていた車は何色で、その先に信号があって、信号のところに立っていた警官はどういう服装をしていて、どういう顔つきで、どのような考え方をしていそうだったか。

信号がどのタイミングで、何色に変わって、そのときに停まっていた車は何色だったか、また向かいにはバス停があり、そのバス停で、どのような人がどのような顔つきで待っていたか。

そして、バス停側に信号を渡って、また坂を降りていき、そこに繁っていた木々がどのような色をしていて、葉っぱがどのように落ちてきたか、また、舗装された道がどのような形で凸凹になっていて、そこに緑や白いラインがどのように引かれていたのか。

また、向かいからやってきた母親らしい女性がどのような乳母車を押していて、そこには子どもが一人あるいは二人いて、どういう服装をしてどんな顔をしていたか。

こんなことをぐるっと思い浮かべ、頭の中で映画のように描いていき、さらに、その映画に対して、一つひとつ声に出して解説していくわけです。

このとき、できればボイスレコーダーに吹き込んで、再現してみます。そして、それを聞きながら、頭の中に映像を浮かべる。そして、その映像をまた言葉にするという訓練をしていくのです。いまは、ボイスレコーダーに音声認識ソフトを組み合わせて文字にすることも比較的簡単にできるようになりましたので、再生して聞く代わりに、文字を読み、そして再び、頭の中で映像化してみるのでもよいでしょう。

五分くらいでよいので、これを毎日一回、繰り返していくと、頭の中の画像をイメージする習慣ができます。さらに、そのイメージしたものを、見る、聞く、話す、味わう、嗅ぐ、感じる、分析する、驚くといった形で、五感を使い、感情に表すことによって、画像と自分の感覚との新しい結びつきが生まれます。

すると、結果として、人に何かを伝えたいというときに、文字と画像を効果的に使った説明ができるようになるのです。

こうしたイメージ・トレーニングを体系的に学びたい場合には、フォトリーティングの講習を開発したポール・シーリーがウイン・ウインガーとつくった「ジーニアス・コード」という講座があります。これも国内でも受けられますので、もし興味がある方は試してみてください。

ここではイメージ・ストリーミングの非常に簡単な手法しかご紹介しませんでしたが、タイムマシンを使う方法とか天才の力を借りる方法といったような、もう少し細かいテクニックがあり、それを使ってさらに画像を使った問題解決をするというトレーニングも教えています。

また、巻末には、私が使っているＩＣレコーダーと音声認識ソフトの名前も記載しておきますので、参考にしてみてください。

③ イラスト・図表をつねに意識して使うクセをつける

視覚化力を身につけるための実践方法の三つめは、イラストや図表をつねに意識して使うクセをつけることです。

たとえば、同じブログを書くにしても、図表を入れたり、イラストを入れたり、場合によっては写真を入れたりするということです。単にわかりやすくなるだけでなく、相手がいろいろなことを想像する助けとなります。

なぜイラストや図表が大事かというと、しつこいようですが、ぱっと見たときに文字よりも情報量が多いからです。

「百聞は一見に如かず」のことわざどおり、実際に形にする、図表にする、イラストにする、あるいは写真を使うことで、相手はよりイメージしやすくなるのです。これを積極的に活用しているのが雑誌ですし、新聞も最近は、主要な記事にはたいてい図表が入るようになりました。

そして、人にものを説明するときに大事なのは、

相手の無意識の中に、あるいは、相手がこれまでの経験値として蓄えてきているものに、いかにきっかけを与えて働きかけ、それを呼び覚ますことができるかです。

すなわち、ここでの訓練は、相手がなるべく、それまでの体験や直感をイメージしやすいものをつねに意識するということです。何かを説明するときや企画書を出すときなど、必ず、図表やグラフを用いたり、イラストで表現したり、写真を使ったりすることになります。

特に図表を意識することは、とてもよい頭の整理になります。

というのも、文字だと、曖昧に書いてもごまかせてしまうところがあるのですが、それを**図表にし、縦軸と横軸をとって関係性を考察してみようとすると、自分がほんとうにわかっているのかいないのかということがわかってしまうのです。**

ただ、同じ図表でも、なんとなくイメージを書いたものだとしたら、それは図表ではなく落書きですので、相手には伝わりません。

この、イラストや図表の重要性は、たとえば、本の表紙にも見ることができます。なぜ表紙でその本の内容を表さなければいけないのか？

それは表紙の装丁やイラストが、その本の中身の代理変数となっているからです。この場合の「代理」というのは、課長代理などというときの代理と同じです。つまり、本の中身にどのくらいの価値があり、それを絵にするとどうなるかを表しているのです。

私たちは画像でコミュニケーションができますので、イラストを見た瞬間、中身を見なくても、その本が優れているかどうかがわかってしまいます。したがって、本の表紙であれ、パッケージであれ、ロゴタイプであれ、まったく関係のない要素を入れてはいけません。

自分の思想、ほんとうに表現したいものを、相手に心底わかってもらうには、どのような図やグラフ、イラストに落とせばいいのか？

言葉のレベルで「わかる」のではなく、「感じ」、身にしみてわかってもらうには、イラストや図表を使ったコミュニケーションがとても大事です。

これはひとつの習慣ですので、手紙でも企画書でも、身近なものからやってみてください。

④ 睡眠を十分にとり、夢を活用する

視覚化力の最後の実践方法は、ちょっとこれまでとは毛色が違います。

睡眠を十分にとって、夢を活用するということです。これはどういうことかと言いますと、睡眠の大きな役割の一つに、頭の中のいろいろな情報を整理するということがあるのです。その整理の時間帯に特に大事なのは、レム睡眠。眼球が動き、頭も動いているのに、身体は起きていないといわれている状態です。

このとき私たちは、ありとあらゆる夢を見ます。その夢を見ながら、いろんなものが画像となり、映画のように再生され、分解され、また新しいアイデアになって結実したりと、整理されていくのです。

したがって、寝れば寝るほど頭がよくなります。

もちろん過度に眠る必要はありませんが、私はふだん、アイデアに詰まってしまってどうしようかと悩む場合、基本的には寝ることにしています。画像の段階、あるいはグラフの段階のもの、フォトリーディングも含めて、必要な材料をざーっと頭に入れたら、とりあえず一回寝る。すると、ひと眠りした間に、考えていた問題の答えが熟成され、ふと思い浮かぶということがよくあるのです。

もちろん、寝起きですぐに思い浮かぶわけではありませんが、頭の中で、シナプスがつながって、ぼーっとしているときや自転車をこいでいるとき、お風呂に入っていたりするときに、ふっと頭に浮かび上がってくるのです。

つまり、①から③までに挙げた方法で視覚化したさまざまな情報を、いったん頭の中で整理してくれるのが、この睡眠という状態で、それを整理し、再び画像として再現してくれるのが夢という状態です。

夢を見るということは、ビジネス思考の中で、非常に大事なのです。

ですから、情報収集と分析に徹夜するぐらいだったら、潔く寝てしまうことも大切です。十分な睡眠をとって、たっぷり夢を見ているときほど、その後、驚くほどいろいろな新しいアイデアが生まれます。

第6章
四つめの力
数字力
Numerical Thinking

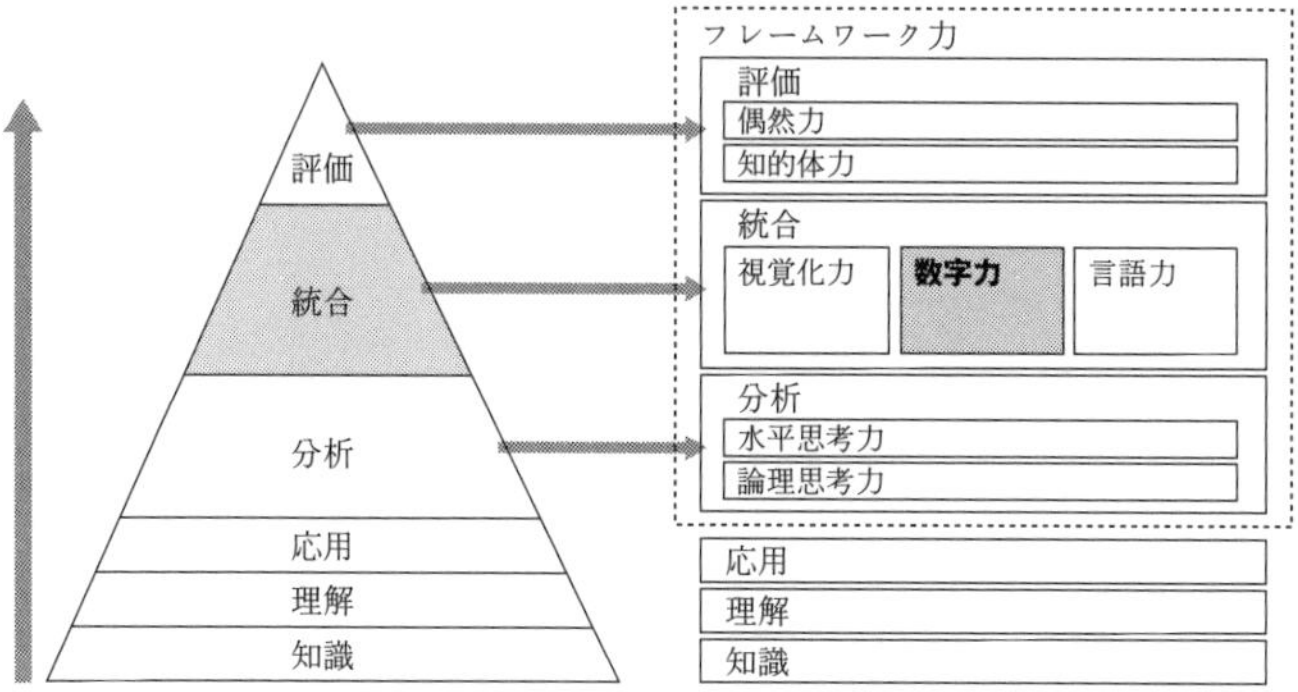

数字力をわかりやすくいうと

画像の対極、数字の世界

ビジネス思考力の統合という段階では、視覚化力、数字力、言語力の三つが有効です。このうち、視覚化力については、第五章で、グラフや写真、画像の役割、デザインの役割と重要性について説明してきました。

ところが、視覚化力で扱ってきたデザインや画像というのは、非常に大きな情報を一度に発信することができる反面、いったんその画像が消えてしまうと、たとえ人とその内容を共有したうえでも、共有した人が同じように内容を理解するのは、たいへんむずかしくなります。情報量が多いうえに、感じとるものが人によって異なることも多いため、厳密な意味での共通認識が持ちにくいからです。

またデータ量が多いため、これだけブロードバンドが発達した現在でも、動画の送受信には時間がかかりますし、まだまだ粗いものしか送受信できません。画像を加工する能力についても、素人が撮ったビデオを思い出してください。アングルも映像も美しくなく、見ていてつらいのは、みなさんご存じのとおりです。

この「画像」の対極にあるのが「数字」です。数字は、だれが見ても3なら3、4なら4です。

大きな情報をできるだけ減損することなく受け渡す媒体が画像だとしたら、情報を絞りに絞ってもっともシンプルにしたのが数字です。

だからこそ、いろいろな事象は無理やりにでも数字に落としてみます。そうすると、四則演算が可能になり、ほかとの比較が可能になり、そして、他の人との共有も簡単になります。

たとえば、体格を考えてみましょう。Aさんは太っていて、Bさんは痩せている、ということを説明するのに、ただ、「AさんのほうがBさんより太って見える」と言っても、それは主観ということになってしまう場合もありますが、そこに身長と体重という数字による測量を利用すれば、その比較は急に客観性を持ちます。Aさんは百六十センチ七十四キロで、Bさんは百五十八センチ五十二キロだとすると、Aさんのほうが太っているということは見かけだけでなく、数字からも明らかになるからです。

さらにこれを、ボディマス・インデックス（BMI）で表すと、さらに比較しやすくなります。BMIとは、体重を身長のメートル表示の二乗で割ったものです。この値が21〜24ぐらいなら標準、25以上になると過体重となり、30を超えると肥満とされます。逆に、18以下になると痩せ過ぎです。

AさんとBさんのBMIを計算すると、Aさんは28・9、Bさんは20・8となりました。体重と身長をそれぞれ数字に落としたことから、さらに厳密な比較ができるようになったのです。

このように、**画像の段階では客観的に比較することはむずかしいものであっても、数字にすれば容易に比較ができます。**

数字は、正確な情報共有のためのもの

また、考えたことの意味合いを、絞りに絞って表現し、抽象化していくと、最後は数字になります。小宮一慶さんの『ビジネスマンのための「数字力」養成講座』（ディスカヴァー）のヒットで、SY＝「数字を読めない」人が増えてきたことが話題になりましたが、数字が読めないというのは、人と話をするときに、相手の言っていることを数字に落とせないし、自分の表現も数字に落としにくいということですから、コミュニケーション上、たいへん不利になり

ます。

よく、理系に進まなければ数字に弱くてもいいと勘違いしている人がいますが、実際には、概念的なものを考えるとき、何かの事象をいったん数字に置き換えてから組み合わせるということがよく行われており、これはだれにでも必須のスキルなのです。のちに詳しくお話しします。

この数字の性質をもっともよく利用しているのが「お金」です。なぜ「お金」が世の中にこれほど浸透しているかというと、モノやサービスなどが持つ価値を、すべて、貨幣という形、すなわちドルとか円という単位の数字で解釈し、共有することができるからです。

「はじめに」でも少し触れましたが、「お金は価値を表す」ということから、「お金とは感謝の表れ」であると言い換えることもできます。たとえば、何かものを買うとき、それをつくってくれた人に直接お礼を言うことはなかなかできませんが、お金を渡すことによって、自分がどのくらいその人に感謝しているかを表現できるからです。

海外のチップの制度がまさにそうです（形骸化している部分もありますが）。よいサービスを受けたら、食事代に対して二十%とか三十%、気前よくチップを弾みますし、サービスがあまりよくないときは、五%とか十%の最低限のチップしか置かない、というように、相手に対する感謝の度合いをチップという数字で表すことができるわけです。

また、世論、出生率、人口構成、GDP、企業の売上高等々、ものごとのトレンドや実態は、数値での把握が必要不可欠です。

特にビジネスの場では、たとえば、「この事業には三つの成功要因があります」「この事業のマーケティングでは、五つの要素を充実させる必要があります」「この事業の広告宣伝には、二千万円のコストがかかります。これに対して、利益は八千万円相当が見込まれるでしょう」など、**表現に数字が含まれることによってコミュニケーションが円滑になります。**この本のタイトルにも数字が含まれているのは、そのことで読者が内容をイメージしやすくするためです。

このように、数字を使えば、自分のこれまで経験してきたものの比較や他人とのコミュニケーション、それればかりか、相手の記憶や経験を呼び覚ますことも容易にできるようになります。すなわち、数字を使えると表現の幅が広がるのです。

とはいえ、数字は、相手の見方を簡単にごまかすこともできます。具体的には、相手を一定の方向に誘導するために用いたりします。

たとえば、アンケート調査などで、自分の都合のいいように質問を設定し、相手に誤答させることで、自分たちに有利な結果をパーセントなどの数字で導き出したりするわけです。

統計も同様で、いろいろなごまかし方があります。決算書の利益も、いろいろなやり方で水増しをしたり、隠したりすることも可能です。

したがって、それらに惑わされないためにも、また世の中の雑多な情報を数値に落とし信頼性の高い形で表現していくためにも、数字を扱う際のテクニックを知っている必要があります。

数字というのはあくまでも、

複数の人間の間で情報を共有し、意思決定を助けるものであり、厳密にはあいまいな部分もある

ということを十分に理解し、切れ味が鋭い分、間違えて使うとたいへん危険な面もあるということを覚えておいてください。

数字を組み合わせる力は創造性につながる

数字の持つもう一つの利点は、数字と数字を組み合わせることができるということです。先ほどのボディマス・インデックス（ＢＭＩ）は、身長と体重を組み合わせたものです。同じように、Ａという数字とＢという数字があった場合、それを掛けたり、割ったり、足したり、引いたりすることによって、それまで自分が知識としては知らなかったことも、新たな知恵として想像できます。

これはフェルミ推定やその他の表現でいわれますが、**数学ができる、算数ができるということが大事なのは、それにより、知らないことでも推測ができるからなのです。**

第一章で、日本には犬が何匹いるでしょうという計算をしましたが、これもある意味、数字の組み合わせです。日本のだいたいの世帯数と、何軒に一軒犬を飼っているかという割合、この二つを組み合わせることによって、日本全体のおおよその犬の数、という数字が把握できるわけです。

すなわち、

数字が読めない、理解できないというのは、
「ものごとを組み合わせる創造性が弱い」ということにもつながります。

身近なものをいったん数値で思いきりビットダウン（＝情報量を落としてシンプルに表現すること）し、そのビットダウンしたものを組み合わせる、そののち、再びビットを持ち上げて、アイデアを膨らませる、といった具合に、

数字をイメージや言語の接着剤にします。

このような形で、

相手との意思の疎通を円滑なものにするのが、数字力の役割です。

以下、数字力についてより詳しく、次の二つの切り口で説明していきたいと思います。

切り口1　基本となる三つのテクニック（数字の意味を知る、数字に分解する、統計を読む）をしっかり理解する

切り口2　身につけるための四つの実践方法（統計データを見る習慣をつける、身の回りのわかっている数字を記録する、数字から仮説をつくる、数字を使って人に説明してみる）を続ける

数字力を身につけるための三つの基本テクニック

数字の意味を知る、数字に分解する、統計を読む

①数字の意味を知る
②数字に分解する
③統計を読む

①数字の意味を知る

数字は感性と理性をつなぐ

テクニックの最初に、まずは数字の意味をもう少し整理しておきましょう。

ひとことで言うと、

数字のいちばんの役割は、感性と理性をつなぐことにある

と私は考えています。

たとえば、熱があるので行けない、ということを伝えようとするとき、ただ熱があると言うのと、平熱が三十六・三度のところ、いま三十八・五度ある、と言うのとでは、相手に対する**説得力が違います。**距離を表すのも、うちは駅から遠いから、と言うより、うちは駅から一キロ以上あるから、と言うほうが相手はより容易に遠さをイメージできるでしょう。

一般に、人とのコミュニケーションにおいては、次の三つの要件が必要です。すなわち、

●話の内容に具体性があるか。
●信頼性があるか。
●聞いたことを自分の言葉で再現できるか。

これらがないと、相手が言っていることをほんとうの意味では理解できません。

私は基本的には、**人に対する話は、よほど工夫をしないと通じない**ものといつも考えてきました。だからこそ、私たちは、その補助手段として、もっともコストをかけずに工夫できることとして、なるべく数字に落とし込んでコミュニケーションするようにしているのです。

子どもの成績や社員の評価に数字が使われるのもこのためですし、そもそも売上や利益を計算するのも、どの事業がもうかっていてどの事業がもうかってないか、そして、今後どこにリソースを配分すべきかについて、互いにコミュニケーションを行い、合意をとるためともいえます。

社会的な事象についてもそうです。

たとえば、少子化が進んでいることについても、人口を保つには2・0をちょっと上回るぐらいの合計特殊出生率（一人の女性が生涯に産む子どもの平均数）が必要なのに対し、今や1・2を切っているという数字を示されると、いかにそれが低い数字であるかがわかります。

団塊の世代のころには一学年二百万人以上いたのに、今の小学生は百万人ちょっとしかいない。となると、このままでいくと、毎年毎年、日本の人口は百万人ずつ減っていくことになり、そのうち半減してしまう、ということも実感として共有されると思います。

単に感覚的に、今は子どもが少ないね、というのではなく、実際に今、一億三千万人弱の日本人が、どの程度の勢いで、どのくらい減少していくかが把握できるわけです。

ちなみに、二〇五〇年頃には、このままでいくと日本の人口は軽く一億人を切ることになります。しかも、その時点で六五歳以上の高齢者比率は三五%を超えるのです。そのとき、数字から見れば年金が破綻していることは火を見るよりも明らかです。

このように、

数字は、将来予測を行うと、私たちに将来のリスクや可能性を事前に教えてくれるのです。数字は、理性だけでなく、感性に訴えるのです。

数字とは、感性と理性をつなぐものと言ったのは、こうした理由からです。**具体性を持ち、信頼性を持つがゆえに、逆に私たちの直観に訴えます。**だからこそ数字は必要であり、それが数字の担う大きな役割なのです。

数字はコミュニケーションの一手法

コンサルタント時代に最初に習ったのも、「定量化の重要性」「数字で表すことの重要性」でした。

たとえば、新しい事業の立ち上げに際して資料をつくるとき、潜在顧客数、予想顧客単価、市場規模、仕入れコストなど、いろいろと細かい数字を計算するわけですが、いずれも将来の予測です。どれも正確にはわからないわけです。でも、たとえわからなくても、経営側は、その計画を進めるのか進めないのかを、判断しなければなりません。その判断の手がかりとなるのが数字です。

この場合、結果の桁が違わなければよいくらいの発想で推定を進めます。どうせ推測でしかない数字なのですから、

それが正しいかどうかよりは、その数字をきっかけに、その事業についてのディスカッションができることのほうがよほど重要なのです。

このように、数字というのは理性と感性をつなぐ、そして、**他人と自分の理性と感性をつなぐ**ために存在します。ですから、数字についてテクニカルなところを極めるより、それをコミュニケーションの一手法として使いたおすことをお勧めしたいと思います。

したがって、数字をグラフで表現するときにも、判断を間違わない程度につくればよいわけで、特殊な場合を除き、パーセント表示を小数点以下何桁にも及んで出す必要はありません。

私が仕事で企業の分析をするときも、たとえば、売上高が一兆二千二百二十三億円なのか、一兆三千二百四十一億円なのかというのは、大差はないと考えます。逆に、片方の事業部の売上高が一億円で、もう片方の売上高が三億円だとしたら、その二億円の差は当然大きな意味を持ってきます。

つまり、数字というのは、

絶対値というより相対感で測るための、コミュニケーション・ツール

だと割り切って、実用的に使ったほうがよいと思います。

数字が得意な人は、だいたいどのくらいかと全体観で数字をとらえますが、数字が苦手だという人に限って細かい数字にとらわれ、枝葉末節に入りがちです。

でも、数字は覚えるものではなく、なんとなくイメージで把握するもの、**数字こそ感性でつかむもの**だと理解してください。

② 数字に分解する

数字力の二番めのテクニックとして、いろいろな事象を**数字に分解する**ことを身につけてほしいと思います。これまで数字は、コミュニケーションの手法として使いこなすことが大事だと言いましたが、では、そのとき、何がいちばん大事なのでしょうか。

答えは、**数字に分解できる**、ということに尽きます。

測定し、管理できる塊になるまで分解する

なぜ「分解できる」ということが大事なのかと言いますと、私たちは、**測定できないものは管理できない**からです。

たとえば『無理なく続けられる年収10倍アップ時間投資法』の中で、重要度と緊急度の四象限のマトリクスをつくり、そのうちの「緊急ではないけれど重要なもの」に費やす時間を増やしましょう、というお話をしていますが、原稿執筆に先立って私が真っ先に行ったのは、このマトリクスを使って自分の時間の使い方を記録・測定・分析することでした。

つまり、自分の二十四時間を、四つの象限に分解してみたわけです。**分解し、計算してはじめて、どこに改善余地があるのかを考えていくことができました。**

これに限らず、プロジェクトを細かな業務に分けてフローを考えるのも、それぞれに費やす時間を配分するのも、数字を分解する作業です。また小学一年生から中学三年生まで、私たちが社会生活を送るうえで必要なことを分解して、発達段階に応じて組み立てたものが、教育課程です。それがあるからこそ、学年ごと、学期ごと、教科ごと、単元ごとに、内容の把握度をテストという形で測ることができるわけです。

また、ふだんの生活の中でも、たとえば、一日のカロリー摂取量を考えるのに、今朝は何カロリー食べて、昼は何カロリー食べて、夜は何カロリー食べた、これも数字の分解です。読者のみなさんの関心の高いダイエットをとってみても、だいたい七〇〇〇カロリーで体重が一キロ増減するのですが、では、それをどのようにコントロールしていくか、ということも分解になります。

さらに、国家予算の配分も、それぞれの予算ごとの政策に対する数値目標を立てることも、その数値に対し、達成度を考えるのも分解です。私たちが家計簿をつけて、項目ごとに支出を管理し、新たな目標値を決めていくことも分解です。

つまり、何であれ、ものごとを丸ごとまとめて考えるのはたいへんですが、これを個別に、数値という形を用いて分解することで、小さな塊にまで落とし込んでいくことができます。

数字という小さな塊になってはじめて、測定し管理するということが可能になります。

数字はつねに細分化の方向に向かう

したがって、自分で何か考えるときも、人に説明したり提案したりするときも、大切なのは、

「それは、もっと分解できないかな」

と、つねに考えていくことです。

たとえば、本の売上についてもそうです。この本は何万部と目標値について設定したら、次は、それをどのように売っていくかを分解して考えます。すると、最初の二週間、あるいは最初の一日あたりの目標値が出ますので、実際の売れ行きが、その目標値に対してどうだったかを測定します。さらに、仮に一週間で百冊売れていたとして、それを買ってくれた方の男女比はどうなっているのか、どういう年齢層にどのような割合で売れていたのかということを、また分解して考えます。

すべてこのように、できる限り対象を数字で分解していきます。画像データ、図形データが、ぱくっと大きく考えるのに向いているのに対し、数字は、細分化するのに向いているのです。

細分化の応用として、新しい戦略を考える際に行う、センシビティ・アナリシス（感応度分析）というものがあります。これは、より利益の上がるモデルにするためには、追加的にいく

ら広告費を増やせばよいのか、いくら原価を下げればよいのか、いくら新しい顧客を開拓すればよいのか、それともはたまた値段を上げればいいのか等々、どこに追加的に投資をしたり、どれだけ削減目標を定めればよいのかを分析する方法の一つです。たとえば、この本の定価を決定する際にも、私たちは感応度分析を行って、今回の千六百円の売価を設定しています。

これには、あらかじめ、売上高や原価、潜在顧客層など、大まかでかまわないので、内訳を全部数字で分解して、把握しておくことが必要です。そうしておくと、ここをいじると、ここが動く、だから、ここの数字をこれだけ動かすのがもっとも効果的だといったことがわかり、正しい対策が打てるようになります。

このように、

数字を分解することによってはじめて、
将来の可能性について測定可能、管理可能な状態となります。

そのなかで、結果につながるいちばんのツボとなる数字を見つけていくこと、そして、その結果について、関係者の間でコミュニケーションを交わすうえでも、数字をうまく活用していってほしいと思います。

③ 統計を読む

基本テクニックの三つめとして大事にしたいのは、統計です。

統計が味方についているビジネスパーソンは、ついていない人よりも圧倒的に優位である

と断言することができます。

直感的にわかることや計算でわかることなら自分の頭だけでもなんとかなりますが、具体的な傾向値や過去からの類推、あるいは、まったく気づいていないことについて実はこういう傾向があるといったことについては、統計学が非常に役立ちます。

ところが、意外とビジネスマンは使っていないようです。

たとえば、二〇〇七年、二〇〇八年と連続してお手伝いした『日経マネー』誌での統計処理を例に説明しましょう。

これは、個人投資家が、どういうものを、どういうポートフォリオで買っているのか？ ふだん、どういうデータを見て、何を判断基準にしているのか？　資産はどのくらい持っていて、収入はどのくらいあって、今年、去年、あるいはその前の年の資産のリターンは何％くらいだったのか？　などについてのアンケート調査を行ったもので、二〇〇七年には八千人、二〇〇八年には五千人分の回答を得ました。

これだけの数があると、回答のデータだけを見ても、なかなか傾向値はわかりませんが、リターンの大きさも含めて、それ以外の個人のさまざまな属性、ファクターを全部まとめて統計ソフトに入れて洗い出すと、どういう人に投資のリターンが安定して出ていて、どういう人が投資でお金を失いやすいかという傾向が明確に出てきます。

たとえば、勉強好きな人というのは投資のリターンが高く、勉強が嫌いで手っ取り早くお金をもうけたいと思っている人は投資のリターンが低いのです。あるいは、ふだんから毎日、株価や自分の持っている商品のチャートの上がり下がりが気になってしかたがないような人は投資のリターンが悪く、逆に大きく構えている人は投資のリターンがよい。

さらに、損切りのルールを持っている人を1、持っていない人を0にすると、持っている人のほうが明らかに投資のリターンがよい、ということも明確にわかります。

こういうことが、統計ソフトに入れただけですべて出てくるのです。

ほかにも、たとえば銀行では、住宅ローンを貸し出すときに、その人のローンが焦げつくかどうかという確率について、それまでの預貯金の貯め方とか入金の実態、公共料金の支払い等について評価をし、支払いが滞る可能性をスコアで測ります。すると、かなりの精度で、その人の将来の支払い状況が予測できます。

近代と現代を分けるのは統計の有無だといわれているくらい、統計というのは現代の私たちのリスクや意思決定に対する精度を変えてしまっているのです。

ちなみに、統計についてては、**「有意」**という言葉を覚えておくといいでしょう。

はたしてその調査は正しかったのか？　サンプルに偏りはなかったのか？　気になるところだと思いますが、このことを、統計的には「有意」という言葉で表します。つまり、その調査を百回行ったときに九十九回までがほぼ同じ結果が出るというのであれば、「一％有意水準」、百回やって九十五回ぐらい同じ結果が出るだろうというのを「五％有意水準」といいます。

計算ソフトでは、統計処理にあたり、一％水準で正しいかどうか、五％水準で正しいかどうかと分析していきます。

ものごとには平均と分散がある

私は統計に心酔していますが、統計のすごいところは、それまで、運を天に任せるようなところがあったことがらについて、高い確率でわかるようになったことです。天気予報を含めて、過去のデータから類推して、将来をある程度予測するのが統計学の役割です。

統計学といっても非常に大きな概念なので、ここでその話をしてしまうと、それだけで一冊の本になってしまいますので、ここでは、簡単な概念だけをいくつか説明します。

まず、最低限覚えておきたい概念として、**「平均値とその分散」**があります。なぜこれが大事かというと、一般に、平均値に比べて、「分散」を見逃してしまいがちだからです。

「分散がある」というのはどういうことかと言いますと、たとえば、プロ野球で新人王をとった人は次の年にはなかなか活躍しないという法則があるようですが、それは、たまたまぐれで新人王をとる人のほうが、とるべくしてとる人より多いからです。つまり、その年、ふだんの自分の平均的なパフォーマンスより格段によい結果が出た（分散が大きく出た）、ということです。それが幸運によるものなら、その後「平均」に回帰しますので、次の年は悪くなって、収支はとんとん、というわけです。

もちろん、何年かに一度は、ほんとうに能力が優れていて、素晴らしい成績を上げ続ける人も出てくるでしょう。それでも確率としては、たまたまよかったという人が新人王をとるというほうがずっと多いのです。

このように、データを見るときには、**ものごとには「平均」だけではなく、「分散がある」**ということを把握していると、見方がすごく違ってきます。

「相関」のあるものには、原因がある

もうひとつ、統計学で知っておいていただきたい概念は、**「相関」**です。

たとえば、「肥満度が高い人は、消費者金融でお金を借りている確率が高い」ということをご存じですか？

これは、先に挙げた『日経マネー』誌のアンケートと同様の方法で、いろいろな項目で聞いてみた非常にたくさんの人のデータをまとめて計算して分析したら、肥満度と消費者金融の利用の有無に「統計的に有意な相関があった」、ということですが、そもそもアンケートを作成する段階で、肥満度の項目を入れていなかったら、わからなかったことです。

つまり、**そもそもその二つに関連があるだろうということが推測されていた**可能性があります。実際、それは、理屈に合うのです。推測していたわけではなく、たまたま、思いがけない項目に相関が見られることもありますが、この場合も、あとからその原因を考えてみると、見落としていた共通点があることがわかります。

まず、肥満度の高い人と消費者金融でお金を借りる人に共通する要因として考えられるものに、目の前の楽しみのためには、それによって将来まずいことがあるとわかっていても、我慢ができない、ということがあります（これを、経済学では、「時間割引率」といいます）。

すなわち、太るのがわかっている、健康に悪いのはわかっているけれど、この場でお酒を飲んでしまう、ケーキを食べてしまう、そういう人が太ります。同じように、そういう人は、消費者金融でお金を借りると、金利が高いから将来苦しむのはわかっているのに、目の前の消費の欲求を我慢できずに借りてしまうことになりがちです。

また、これだけではなく、一般に栄養学の知識が低い人は金融に対する知識も低いだろうから、肥満になるし太るのだという仮説も成り立ちます。つまり、全般的な「知識」の程度に相関があると考えるのです。

つまり、栄養学の知識があれば、栄養学的に正しくないカロリーの摂り方はしないので太りにくいはずです。同様に、高利の借金の、将来の自分の生活に対する悪影響に関する知識があれば、こちらも自制心を働かせることができます。ところが、この二つについて、その知識を得る機会がなかった人は、カロリーの高いものをたくさん食べてしまいますし、借金もしやすいと考えられるわけです。

このように、統計処理によって、「相関」関係が認められたとしたら、つねにその裏側には何らかの原因があるということが推測されます。

統計がわかると世の中の見え方が変わる

つまり、統計というのは、

わからないことをわかるようにするというよりは、数字を使ってものを考えるときに、その背景にあるものを知るためのヒントを与えてくれるものとして、重要なのです。

企業が一流大学卒を雇いたがるのは、一流大学に入学できるだけの基礎学力と生活のリズムがあるだろうという統計的な推測が働くからです。したがって、この統計的な推測から逃れるのは、逆の意味でもとてもたいへんなこととなります。

このように、**統計について、ひととおりの知識を持っておくと、世の中の見方がずいぶん変わります。**

たとえば、新聞や雑誌を含めたメディアの発表には、記者の統計的知識の不足からか変だなと思うものも少なくありませんし、企業や政府が自分たちに都合がいいように統計データを表現し、利用しているのがわかることもあります。統計の知識をつけておくことは、それらに騙されないためにも大事だと思います。

逆に、自分が数字を使って人に説明をする際には、それが統計的にほんとうに有意なのかについて、考え抜いておく必要があります。

たとえば、ある商品についてのアンケート調査の結果を発表するとします。このとき、その商品を買う買わないについて、年齢層によって、明らかに差があったとします。でも、そこですぐさま結論づけるのは危険です。分散とサンプル数を見れば、その差が統計的に有意な差なのか、たまたま今回のアンケートで出てきただけの差なのかはわかりますから、そのうえで判断しなければなりません。

ぜひ、統計を身につけ、武器にすることをお勧めします。

統計が身につけば、この先、期待値が約十％のマイナスの投資であるパチンコも、二十五％のマイナスである競馬も行くことはなくなるでしょう。まして、期待値が五十五％のマイナスの投資である宝くじを買うこともなくなるでしょう。新興市場の成長株のように損をする可能性がある金融商品に手を出すこともなくなりますし、以前話題になった円天のような、あやしげな事業に投資することもなくなります。

繰り返します。ぜひ、統計を味方につけてください。一生の友だちになると思います。

数字力を身につけるための四つの実践方法

統計データ、数字の記録、仮説設定、数字を使った説明

①統計データを見る習慣をつける
②身の回りのわかっている数字を記録する
③数字から仮説をつくる
④数字を使って人に説明してみる

①政府発表や世論調査、企業データなどの数字を見る習慣をつける

それでは、実際に数字力を高めるための四つの方法を説明していきます。

一つめは、とにかく各種の政府発表や世論調査、企業データなどの数字を見る習慣をつけることです。それも、ワクワク楽しみながら見ることです。

実は、元ネタには意外と困らなくて、日々新聞には何らかの形で数字が発表されていますし、政府の統計局のサイトに行けば、ほぼ毎日何らかの新しい数字が出ています。世論調査にしても、いろいろなところで日々発表していますし、企業の売上高とかテレビの視聴率といったような数値も、連日いたるところで目に入ります。

とはいえ、興味がなければ、まったく目にも入らなければ、耳にも届きません。サラサラと流れてしまっていると思います。でも、こうした数値の裏側に潜む相関、論理、人々の心理などを把握しようとじーっと見ていると、実におもしろいドラマが、そこにいろいろと浮かんできます。

たとえば、私の好きなデータに、毎年発表される広告費のデータがあります。電通の「日本の広告費」というデータベースからのもので、それを見ると、四マスといわれる、新聞、雑誌、ラジオ、テレビの広告費の推移とか、インターネットや衛星放送のような新しいメディアの広告費の推移はどうなのかとか、眺めているだけでも非常におもしろいのです。

出版業界の人と話をしていますと、いろいろな人が広告費が減ってきて困っていると言いますが、実際にこのデータベースを見ている人はほとんどいないのが不思議です。みな、自分の雑誌のデータか、せいぜい自社全体のデータしか見ていないのでしょう。でも、全体のデータを見ることで、さまざまなことがわかります。

そして、この全体のデータベースに、さまざまな番組の視聴率のデータや五年おきにNHKが行っている「日本人の生活時間」という調査結果（これもまたお気に入りのデータベースで、私たちが何に時間を使っているかということを大規模に調べています）を組み合わせますと、私たちはいったい、テレビや新聞をどのぐらい見ているのか、そして、その推移は、広告費の推移とどのような関係にあるのかが、実によくわかります。広告単価が下がっているのか、それともメディア接触時間が下がっているのか、二つのデータを組み合わせることによって新しいことがわかるのです。

さらにそれを、電通や博報堂、ヤフーやフジテレビなどの売上高や株価と結びつけると、また新しいことがわかり、そこから今後、メディアはどういう方向に動いていくだろうかという予測を立てることもできます。数字はいつも、とてもおもしろいパズルです。

さて、政府の発表するものには、物価や金利、予算のようなものが多く、見慣れないとただの数字の羅列にしか見えないかもしれませんが、こちらも、いろいろな数字を組み合わせ、その関係を探りながら見ると、俄然、おもしろくなります。

たとえば今、物価水準を見ると、農産物や石油は非常に上がっていますが、ほかのものは下がっています。すると、ＣＰＩ（＝消費者物価指数）がどのぐらいの勢いで上がっていくのか？　それで破綻しないようにするには、金利をどのように抑えるべきなのか？　また、それにしたがって企業の株価はどう動くのか？　為替レートが動くと、株価はどのくらい動くのか？

手に入る範囲の数値でも、じっと眺めれば、こうしたことが見えてくるのです。そんなふうに、数字の裏を見る楽しさを、ぜひ味わってほしいなと思います。

また、入手可能な主要な数字については、だいたい頭の中に入れておくべきでしょう。たとえば、自社の売上とか従業員数、属している市場の規模、平均的給与と同業他社の平均的給与、自分の年代の人の一日の時間の使い方、自分の年代の給料の平均額、収入をいったい何に使っているのかの平均像など。そうしないと、新しいプロジェクトを企画しても、ビジネスを興そうとしても、つまずいてしまいます。

繰り返しになりますが、数字を見ていると、その裏に、私たち人間がどのように活動していて、どのように世の中が変わってきているのかが実に生き生きと見えてきます。

まさに、**人間観察の視点から、数字をじっと眺める**のは、ほんとうに楽しいのです。

ですので、どうか数字を毛嫌いせずに、まずは、自分の興味のある分野についての数字をじっくり眺めることから始めてください。お薦めは白書類です。

レジャー白書、インターネット白書、女性白書、労働白書、国民生活白書といったいろいろな白書があります。白書はデータの山です。監督官庁が私たちの税金をふんだんに使って集めた貴重なデータにあふれています。ぜひ、そこにある数字を眺め、変化を考え、統計を読み、そして今後の予測をしてみてください。

② 身の回りのわかっている数字を記録する

①で挙げたのは、官庁や企業が記録してくれた比較的大きなマクロ単位での数字ですが、身の回りの数字を、自分自身がコントロールセンター、データセンターとなって記録していくのも、数字力を身につけるための効果的な方法です。

いちばんわかりやすいのは、体重とカロリーを記録することでしょう。これは岡田斗司夫さんの『いつまでもデブと思うなよ』(新潮社)で推奨されていた方法で、実際に毎日何を食べていて、それが何キロカロリーくらいあって、それがどのように、自分の太る、あるいは痩せるというところにつながっていくのかということを記録していくものです。

私がふだん行っているのは、万歩計の数字の記録です。歩数だけでなく、毎日の移動距離も見ています。タクシーや自転車での移動距離も見ています。タクシー代は最初の何キロでいくら、何百メートルごとにいくらというのが決まっていますので、それで支払った金額から移動距離を逆算します。

さらに身近な数字の例が小遣い帳です。実際に自分が、何にいくら使っていて、それをどのようにコントロールしてきたのかを記録することで、数字の感覚をつけていきます。

そのほか、自分の仕事の仕方や効率、生産性に関して、さまざまな数字で把握しておくと、いろいろとおもしろいことがわかります。

たとえば、自分が仕事で一日に何通ぐらいメールを出して、どのぐらい返信が来ているのか？　企画書一ページ書くのに、何分ぐらいかかるのか？　一日の会議の時間は？　一通のメールを書いている時間は？　創造的なものに使っている時間は？

もし、売上にかかわっている部署の方であれば、ふだん見ている売上データを別の項目と組み合わせて、いろいろな数字をつくってみることもできるでしょう。

たとえば、自分の担当している販売店ごとや地域ごと、代理店ごとに何か統計的なばらつきはないか？　過去の経験値から新しい製品の売上が計算できないか、過去の類似商品の売上で新しい商品の売上を検知できないか？

まずは、身の回りのいろいろな数字を、とりあえずドンドン集めることです。そうやって、数字に対する直観をつけていくわけです。ふだんスポーツをしていない人がいきなり試合に出てもうまく動けないのと同じように、ふだん数字に接していない人が、いざ仕事で推定や統計を使おうとしても、なかなか勘が働きません。

ぜひ今日から、**身の回りの数字を記録する習慣、記録した数字を組み合わせて意味合いを考える習慣**を試してみてください。

③ 数字から仮説をつくる

四つの実践方法の三番目は、数字から仮説をつくることです。前の基本テクニックのところでも少しずつ述べていますが、もう少しここで具体的に説明しましょう。

数字の果たす大きな役割は、将来を予測できるようになることです。さまざまな公的なデータや企業の公開データを集め、それを割ったり掛けたり、足したり引いたりして組み合わせる、さらに、自分の実感に即したデータをぶつけ、組み合わせることによって、未知のことに対する仮説が立ってきます。

これこそが、まさしく「ビジネス思考法」のもっとも重要な点の一つです。**これまで集めてきた情報を分析して統合したときに、見えてくる新しいこと、それが仮説になるわけです。**

たとえば、売上高の新しいノルマが課せられたとします。どうやったらそれを達成できるのかという仮説を組むときには、必ず数字を用います。

ターゲットとするマーケットの大きさ、MECE（ミッシー、漏れなくダブりなく）に分解すると、現在どこのマーケットが漏れているか？　自社の売上高と比較すると、どこのマーケットが他社に比べていちばん優位性が高いのか？　それぞれのマーケットを攻めるのに使えるリソースには何があり、そのリソースを数字に落とした場合、どこが過剰投資になっていて、どこが過少投資になっているのか？

これらの数字を分析したうえで、戦略という名の仮説を立てていくのです。

仮説をつくるときのポイントは、**必ず複数の仮説を立てて、比較する**ことです。

Aという仮説、Bという仮説、Cという仮説をつくって、それぞれ試してみるのです。このとき、なかでもいちばん確からしそうな仮説を使って分析していきます。

たとえば、代理店を使った売上高ノルマを達成するために、次のような三つの仮説を立てるとします。

●仮説A 商品性が悪いので、商品の品揃えを増やし、商品説明をしていけば、より多くの代理店注文がとれるだろう。

●仮説B 数字を分析すると、代理店一店当たりに使っている時間が足りないので、訪問回数を増やし、丁寧に説明をすれば、注文数が増えるだろう。

●仮説C 代理店の説明時間は十分だが、訪問している代理店数が足りないので、売上高が上がらないのだろう。

どの仮説を採用するか？　もっとも確かなのは、**日によってその採用する仮説を変えて、実際に実行して比べてみる**ことです。

そして、Aの商品性仮説、Bの訪問時間数仮説、Cの代理店カバレージ（範囲）仮説、これらのどれがいちばん正しいのかを、また数字でもって、比較分析するわけです。

たとえば、訪問時間数仮説の場合は、訪問のべ時間数を倍にしたとき、売上高はどのぐらい変わったのか？　これは感受性分析でわかりますので、もし全然変わっていなかったら、この仮説は間違っていることになりますし、急に上がったのであれば正しかったことになります。

では、A、B、Cのどの場合も売上高が上がったとしましょう。どうするか？

この場合は、どれがいちばん時間を使わずにすむのかを考えます。ここで使うのも数字です。

業務に要した時間をすべて計算し、もっとも投資対効果、すなわち、自分の人件費に対していちばん効率のいい仮説を分析して選び、そこに自分のリソースを投入するわけです。

これを、数字に落とさずに、なんとなくやっていると、なんとなくのまま終わってしまって、うまく次のアクションに結びつけられないのですが、仮説を持ち、数字で把握していけば、新しい分析に結びつきます。

要領のいい人と悪い人との違いというのは、一回数字に落としてやっている人と、なんとなくやっている人の違いだと思います。

ただ、忘れないでほしいのは、数字もまた、相手とのコミュニケーション、あるいは自分とのコミュニケーションのためにあるということです。数字よりも、画像のほうが相手により伝わりやすいのであれば、たとえ数字に落としこんだとしても、視覚化の情報を使って説明したほうがいいのです。必ずしも数字一辺倒である必要はありません。

数字をほかのもの、たとえば画像や言葉と合わせて、上手に統合し、自分の持っている知恵、知識、考え方をうまく表現してください。

そして、数字をうまく仮説として組み合わせて使ってみて、将来を予測してみてください。

数字力を身につけるための最後の実践方法は、数字を使って人に説明してみること、これに尽きます。

④ 数字を使って人に説明してみる

人に説明をするときに、
数字をどれだけ正確に使えるか、相手がイメージしやすいように使えるか

ということが、数字力の最後のキモになります。

人に共感を与える、共有する、理性と感情を動かすというとき、数字というものがどれほど使い勝手のよいものかについては、これまで説明してきたとおりですが、では、どのような数字で、どのように説明すると、相手がストンと腑に落ちてくれるのか? 実は、これも、日々訓練しかありません。

たとえば、自分にとっては非常に大事な数字であっても、相手にとっては大事でないことはよくあります。先ほどの代理店との取引での売上高を上げるという事例でいいますと、自分にとっては、売上高がいくらで、顧客単価がいくらで、利益率がいくつなのかは、非常に重要なことですが、こちらの売上単価は、先方にとっては仕入原価にすぎません。代理店側にとって重要なのは、自分たちのお客さんが、その仕入原価で、どれだけ利益を上げられるかということです。それを説明しない限り、代理店にとっては、多くの数字の説明は意味がないのです。

また、いくら数字を使って説得するといっても、数字を立て板に水のように述べただけでは、伝わりません。

数字を使って人に説明するというのは、数字を説明することではなくて、数字の結果がイメージできるように相手を説得するということなのです。

コンサルタント時代は、実際にプロトタイプをつくるなり、あるいはシミュレーションをつくるなりして、「この数字を使ったときに、どのような効果が現れるのか」ということが、相手がパッと見て、具体的には**三十秒でわかるように**との訓練を受けました。

深く考えなくても、三十秒でわかるような資料となると、もちろん数字そのものだけでなく、数字をもう一度ビジュアル化したグラフ、あるいは効果を表現するためにお客さまの喜ぶ顔の写真、そういうものを組み合わせることが必要です。数字は口頭で話をされただけでは、さらさらと流れていってしまうのです。

いずれにせよ、数字を使って相手に説明するということによって、相手の感性にどう訴えるのか、

いったい、何の数字を使って何を訴えれば、相手の心にいちばん響くのか
ということを観察しながら数字をつくっていく

のが、ここでいう数字力の重要な役割です。

したがって、ふだんから、日常の会話においても、なるべく数字を織り込んで、相手をなるほどと思わせるような会話をする訓練をしましょう。

ビジネスランチでも、ちょっとした雑談でも、たとえば、金利の話をする際に、七十という数字を覚えておくと便利でしょう。それを利率で割ると、複利計算で大体二倍になる年数ができます。たとえば、七％の利率なら七十を割ると十年で倍になるとか、十％の利率だと七年で倍になるといったように、その場で使えます。私がよく使う、〇・二パーセントでも日次複利なら一年で倍になる、というのもこの応用です。七十を〇・二で割ると三百五十日、約一年というわけです。

ふだんから、その場で臨機応変に話を合わせて、**先方の質問に対して、さっと当意即妙に数字を交えて話ができるというのが、ビジネス思考として求められている能力です。**とても効果の高い数字の使い方ですので、ぜひ試してみてください。

このとき、統計を使うと、もっと説得力が増します。たとえば、統計上、百人中何人のお客さまにこのような成果が上がっていて、このデータによれば、この商品に対する売上の貢献度は全体の何割になります、あるいは何％増になります、といったような数値を示す。さらに、因子分析までして、要因の貢献度までわかるようになっていれば、お客さまの関心は否が応でも高まります。

社内でも同様です。たとえば新しい機械を導入したい、新しい事業を打ち出したい、新しいシステムを入れたいというときにも、このテクニックはつねに使えます。これまでの自社の統計や他社事例を使って、どのくらいのコスト削減になり、売上の増加になるかという説明をするのです。

逆にいえば、社内で通用するくらいのテクニックがないと、お客さまにはとうてい通じません。日頃から社内でもぜひ、数字を使って人に説明するクセをつけてみてください。

ここでもう一度、数字力の役割をまとめておきましょう。

数字力というのは、理性と感性をつなぐものです。数字を使うと冷たいと思われがちですが、そうではなくて、**相手の感性にシンプルに訴えるためには数字という手段がいちばんよい**ということです。

また、私たちは、売上高が上がっているセールスマンであれば信用できます。実績があるプロダクト・マネジャーだったら信用できます。コストカットに十分手腕を発揮したオペレーション・マネジャーだったら信用できます。

すなわち、**数字というのは、客観性であり、信頼性であり、相手の感性に訴える信用です。**上手に身につけ、計算して、統計を使って相手に説明して、相手の心のひだに訴えることです。数字を味方にすることをぜひお勧めしたいと思います。

第7章
五つめの力
言語力
Language Capability

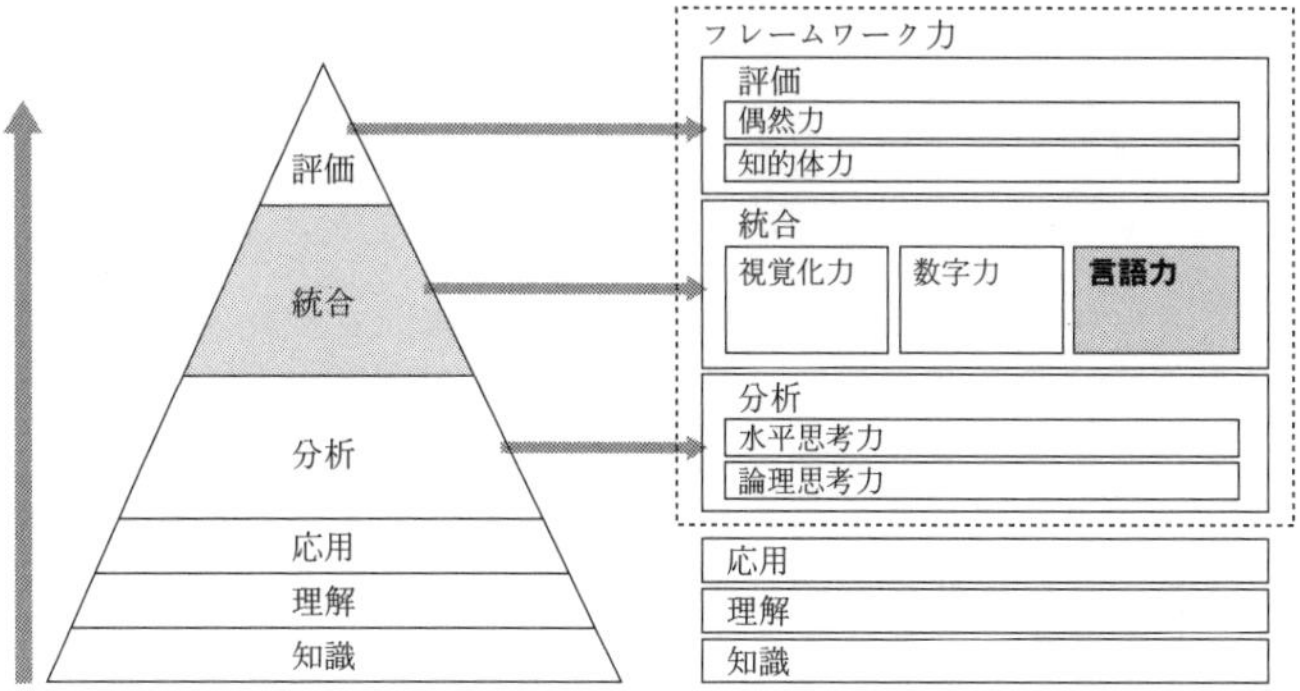

言語力をわかりやすくいうと

言葉は実は非常に高度なテクニック

これまで、視覚化力、数字力について話してきました。いよいよ、統合力の最後の能力、言語力です。なぜ、言語力を最後にしたか、わかりますか？

それは、言語力は簡単なようで、むずかしいからです。

だれでも言葉は話せます。日本語を中心に、最低一つの言語は使うことができます。でも、ほんとうに言葉が通じているのかというと、その実、なかなかむずかしいものがあります。

絵の場合は、解釈は曖昧ながらも、その情報量は大きく、また数字の場合は、情報はかなり集約されますが、だれしもが、ある程度、同じことを想像できるという特徴がありました。それらに比べて、やはり言葉の解釈はむずかしいのです。

なぜなら、**言葉というのは、ある意味、非常に曖昧なものだからです。**絵や写真や図表なら、最初から曖昧だということがお互いにわかっています。ところが、言葉に関しては、ほんとうは曖昧で、互いが必ずしもまったく同じ意味を交換しているとは限らないのにもかかわらず、それが曖昧であるということをお互いに認識することなく、意味が一致しているつもりで共通の言葉を使います。そこから、ズレが生じるのです。

ですので、言葉を使うときには、前後の文脈（コンテクストといいます）の中で、いったい、その言葉が何を指し示すのかということについて、相手が具体的にわかるように（いわゆる腹落ちするように）、話す必要があります。つまり、相手が、相手自身のそれまでの経験・体験を活用しながら、あなたの言葉をもう一度、自分の言葉として話せるようになるまで伝えきることが必要です。

お互いに言葉を聞いたとき、「あ、あのことを言っているのね」と、わかるということです。それが、ビジネスで求められている統合力になります。

この、言葉を使って相手に体験を再現させる能力は、非常に高度なもので、全体をできるだけズレなく相手に伝えるために言葉を選び、それぞれの言葉が相手にどのようなイメージを想起させ、それがどのような影響を与えるのかを想像し、組み合わせていくことになります。

さらに、その表現方法は、書き言葉と話し言葉でも異なってきます。
たとえば、この本は、書き言葉としての言語で表されていますが、もともと言葉そのものはすべて話し言葉から端を発していますので、読み手のことを考えれば、話し言葉としてもスムーズであることが大切になります。
逆に、人と人が話すときの言葉というのは、話す端から消えてしまいますから、すぐに意味がわかって記憶に残ること、そして次につながること、しかも集中力を要せずわかることが求められます。

ラジオやテレビドラマの脚本を書く方とお話をしたことがありますが、その方とのお話でおもしろいと思ったのが、一流の著者といわれているような方、優れた文章を書く方であっても、話し言葉がそのまままきれいに流れる人というのは十人に一人、いや百人に一人もいないのではないかということでした。ましてや、文章の訓練をされていない人の話はもっとわかりにくいということです。

やはり、ふだんから、丁寧に話す、わかりやすく話す、気をつけて話すことが訓練されていないと、スピーチなどでは、えーとかあーとか余計な言葉が入りますし、話しているうちに、こんがらがってくるわけです。話すときにこんがらがるものを、文章にして書こうというのですから、そのときはもっとこんがらがることになります。

だからこそ、言葉は、相手に伝わりにくく、わかりにくいものなのです。

しかし、もちろん、言葉の伝え方にもテクニックがあります。どうしたら伝わりやすく話し、書くことができるのか、これから順番に説明していきたいと思います。

切り口1 **基本となる三つのテクニック（なるべく多くの知識・説明を知る、言葉に落とす習慣をつける、比喩を意識する）をしっかり理解する**

切り口2 **身につけるための四つの実践方法（読書・読書・読書、話す時間・書く時間の質量を高める、辞書を引き検索するクセをつける、ブログで訓練する）を続ける**

言語力を身につけるための三つの基本テクニック

ボキャブラリー、言葉に落とす習慣、比喩

これまでの章と同様、三つのテクニックと四つの実践方法を挙げていきます。まずは、基本テクニックから。次の三つです。

> ①なるべく多くの知識・説明を知る
> ②言葉に落とす習慣をつける
> ③比喩を意識する

①なるべく多くの知識・説明を知る

言語力をつける最初の基本テクニックは、なるべく多くの知識・説明を知ることです。たとえば料理でも、素材がよいと、多少料理の腕が悪くても、おいしいもの、めずらしいものがつくれます。同じように、話し言葉であれ書き言葉であれ、素材としてよいものを揃えれば、その組み合わせによって、伝えたい概念を、明瞭に、正確に、より的確に伝えることができます。

たとえば、マーケティングの本で、『ホイラーの法則』(ビジネス社)という本があります。この本の副題は「ステーキを売るな、シズルを売れ!」となっています。

ところで、この「シズル」って何なのでしょう? これはステーキを焼くときに聞こえる「ジュー、ジュー」というあの音のことです。

すなわち、この副題で言いたいのは、「私たちがステーキを食べたいなと思うときは、ステーキそのものを食べたいというより、スケーキが焼ける音を聞くことによって、過去にステーキを食べたときの幸福感とか、おいしかったという舌の記憶が出てくるときである」ということです。

で、その感覚を表現するとき、「シズル」というひとことを知っていれば、説明が楽ですし、聞く側の頭の中にも、あの「ジュー、ジュー」という音が聞こえてくるわけです。

このように言葉には力がありますので、一つひとつ適切なネームをつけていくことで、伝わり方が飛躍的に変わります（ただしこの場合、店頭で本を見る人のほとんどが「シズル」という言葉を知らないとすると、本の副題としては弱いかもしれません）。

翻訳の限界と外国語ができることの意味

私は翻訳書も積極的に読んでいますが、やはり、どうしても、もともと日本語で書かれたものと比べると読みにくい。むしろ、原書で読んだほうがわかりやすいことも少なくありません。これは、英語が表しているそのときの状況、考え方というのを、必ずしも、訳に用いた日本語で「イコール」に表現できているわけではないからです。どだい、それは無理な話なのです（したがって、翻訳された日本語からたぶん原文の英語にはこういう単語が用いられていて、ほんとうはこういうことが言いたいのだろうと逆算して読めると、比較的おもしろくなります）。

そのせいか、日本語だけ見ると、どうしても表面的な理解で終わってしまいがちで、なかなか頭が刺激されません。そこが翻訳書の問題ではないかと思います。

これは見方を変えると、英語に限らず、複数の外国語ができたほうがいいということです。各国の言葉が持っている新しい世界に触れられるからです。日本語で表現できることと英語で表現できることには、重なる部分もありますが、異なる部分もあります。

ここで、仮に英語を知っていると、英語だけで表現されている世界感がわかりますし、英語から日本語に変換される前のその人の考え方がわかります。そのなかで、新しい世界が実体験できるわけです。

すなわち、**言葉というのは、他人の体験を追体験するために存在します。**つまり、私たちはそれを言葉という形でしか、人からは説明してもらえません。したがって、いかに多くの言葉とその意味するものを知っておくかによって、自分の体験の中に再生できるものが変わってくるのです。私たちが人に自分の体験を伝えるときにも同じことがいえます。説明の際には、言葉の種類はたくさんあったほうがいいのです。

ただ、ここで注意したいのは、ただ多ければよいというものではないということです。

言葉というのは、まず音があって、それが一つひとつの単語になっていて、その単語が重なることによって文章になります。単語だけ多くてもしかたがないということです。

単語を重ね合わせて文章になったときに、**どういう文章であれば、相手にいちばん伝わりやすく、わかりやすいのかを考えて並べ替えることが重要です。**

だからこそロジカルにものを考え、ロジカルにものを書くということが、ビジネス上必要になってくるわけです。

言葉で伝えたいのは五感も伴う「体験」

では、ビジネス上必要なのは論理であって、感情的な部分は考慮しなくていいのか、というと、そんなことはありません。感情を煽る必要はありませんが、理性でわかっても、それが腹落ちするには、感情が刺激されることが必要です。

五感を刺激する言葉、先ほどの「シズル」というような言葉、あるいは追体験、実体験を表すような言葉を使って説明することが重要になります。

私の本でも、人によっては、なぜ、こんな当たり前のことを寄せ集めてわざわざ本にするのか、しかも、なぜその本が売れるのかと疑問を持つ方もいらっしゃると思います。

では、私が何をやっているのかといいますと、ひとつには、専門書などのむずかしい本に書いてあるボキャブラリーを、専門外の読者の方にもわかるように書きくだして、あるいは事例を使って、比喩を使って、言葉で分解して、説明しているのです。

たとえば、「双曲線割引」という言葉があります。これは、「時間割引率」に触れたところ（二一〇ページ）で用いた概念ですが、ただ、「双曲線割引」といっても、その世界観がないと、何を意味しているのかわかりません。ところが、この言葉を「今すぐの喜びであれば、将来の喜びと換えてもいい」というような表現に置き換えて使うと、イメージが湧きます。

私が本の中で、いろいろな新しい表現を用いているのは、基本的にこうした理由からです。この本の構成そのものもそうです。ビジネス思考力について、視覚化力とか、数字力とか、あるいは言語力という言葉に落としたものになっていますが、これも、さまざまな知識、知恵、私の体験、あるいは先人の体験を、それらの言葉に落とし込むことで読者のみなさんと共有するためのテクニックになっています。

なるべく多くのことを、言葉に置き直していくことです。

前章の統計学の話に出てきた「平均値」「分散」「相関」も、それぞれの言葉は単純かもしれませんが、それらの言葉が示す世界観を理解することで、それを他の人とのコミュニケーションの中で共有することも、自分の表現に使うこともできるようになります。

ぜひ、

多くの知識、多くの説明を知り、
その説明に、言葉でラベリングをし、
そのラベルを用いて、その知識を人と共有する、
その繰り返しを行ってみてください。

② 言葉に落とす習慣をつける

二番目のテクニックは、感じたこと、聞いたこと、考えたことを言葉に落とす習慣をつけることです。心の中で反芻する、手帳に書く、人に説明する、ブログに書く、何でもいいです。自分が経験していること、実行していること、見知っていること、感じたこと、それらをつねに言葉に落としていきます。

なんとなくわかった気になっているということと、実際に言葉に落とせるということには、雲泥の差があります。

私たちがなんとなくわかったというものを言葉に落とすと、おおむね、歩留まりは半分あればよいほうで、下手をすると二〜三割だと思います。だからこそ、人と話すこと、言葉を交わすことが非常に重要なのです。

もちろんブログやメールを使ってキーボードだけで会話をすることも可能です。しかし、言葉というのはもともと音声でできているものなので、口を動かし、体を動かし、全身を使って表現する、この繰り返しを行ったほうが、単にキーボードをたたいたりするだけよりは、より有意義な言葉の使い方になります。

ですので、私のお勧めの一つは、ICレコーダーを持ち歩くことです。そして、ちょっとした気づきであるとか、思いついたこと、これからしなければいけないこと、そのようなものがあったときには、ぱっとポケットからICレコーダーを取り出して入力します。

入力したものは、もう一度聞き直してもよいですし、聞き直す暇がない場合には、音声認識ソフトも最近よいものが出ていますので、これでいったん文字化し、それを見直す、そんなふうに、自分の音声メモを見直す習慣をつけるわけです。

同じように、私は、ポケットに小さな手帳をいつも持ち歩いています。そして、人に言われてなるほどと思ったこと、街で見てなるほどと思ったこと、ふと考えついたことなどをメモするようにしています。なるほどああそうなのか、こういうことだったのかということを、できるだけ多く文字に書き記して、それを全部記録しておくのです。

そうすると、**いろいろな言葉が、だんだん財産として自分の中に積み重なっていきます。**その積み重なった言葉の中から、また新しい言葉や考え方が生まれます。

そんなふうに、一つひとつの言葉が自分の中で食べ物のように生きてくるのです。

さて、私が多読を勧めるのは、**本は、言葉の貴重な仕入れ先**になるからです。自分の行動半径の中では、どうしても自分自身か自分と同じようなコミュニティの人の言葉しか手に入りません。なかなか新しい世界の言葉は広がりにくいものです。

ところが、これを他者、特に本によって別の世界の言葉を知ると、その言葉を通して他者の体験を見ることができます。そして、周囲の見え方がまた変わってきたりします。新しい見方、新しい考え方が生まれるわけです。

私は近視なので、コンタクトレンズや眼鏡が必要ですが、**言葉というのはこの眼鏡に近い**ものかなと思っています。

眼鏡がないと、ぼんやりとしか見えない私たちの視力、あるいは世界観において、言葉がフィルターとなり、焦点を結んでくれるわけです。

焦点を結ぶ先は、相手そのものだったり、相手の考え方だったり、共通した抽象的な概念だったりします。そういうものが言葉というもので結びついてはじめて、私たちの頭の中に落ちてくるのです。

こうした点からも、考えていること、聞いたこと、見知ったこと、感じたこと、経験したこと、人に説明したいこと、これらをすべて言葉に落としていく習慣を持つことをお勧めします。

③ 比喩を意識する

言語力の三番目の基本テクニックは、比喩を意識することです。

伝えたいもの、理解したいものが新しい概念の場合、いくらその概念を表す言葉、説明を聞いたところで、なかなか伝わりません。こうした場合、すでに見知っている概念にたとえて、何とかの何とかのようなものだよと言われると、わかりやすくなります。

たとえば、ズッキーニという野菜がありますが、これを、ズッキーニを食べたことも見たこともない人に、どうやって説明するか？　この場合、ナスとキュウリの中間のような食べものだよと言われると、ナスとキュウリを食べたことがない人はほとんどいませんから、スッと頭の中に落ちるわけです。

しつこいようですが、私たちは言葉を使って、意識層の中でコミュニケーションしているわけですが、**ほんとうにコミュニケートしたいのは、相手の無意識層の中にある過去の経験値**です（スキーマとかいろいろな言い方をします）。そうすると、新しい言葉や新しい概念を相手の心にすっと落とすための比喩の力が重要になってくるわけです。

比喩の訓練方法は、話の上手な人（そういう人はほとんどが比喩の上手な人です）の話を聞いて参考にするほか、落語を聞いたり、読んだりするのも勉強になります。小説の中にも参考になるものがあります。いずれにせよ、そうした、いわば言葉のプロの生産物に触れることで、言葉に対する感覚が研ぎ澄まされ、言葉を大事にするという考え方が生まれます。

本づくりでは、タイトル、章の見出しなどに、いかに新鮮でわかりやすい言葉をもってくるかが重要ですが、それは、それらの言葉が、新しい概念、新しい世界観の比喩となるからです。たとえば、『地頭力を鍛える～問題解決に活かす「フェルミ推定」』（東洋経済新報社）という書名。フェルミ推定と言ってわからなくても、地頭力という言葉で、フェルミ推定というのは地頭を使って何かを創造、あるいはプロセシングするものだなということがたいがいの人にわかるわけです。これが比喩の力です。

ただ、比喩に関して注意しなければいけないのは、相手がわかったような気になってしまうというリスクを抑えなければいけないことです。まったく違ったものに解釈してしまっていることもありうるからです。

先ほどのズッキーニの例でいうと、私が頭の中でズッキーニの姿を描いて、「ズッキーニはキュウリとナスの中間の食べ物です」みたいな説明をしても、ひょっとしたら相手は全然違うものを想像しているかもしれません。たとえばズッキーニの表面の色は緑色ですが、ナスという言葉を聞いて紫色を想像している人もいるかもしれません。あるいは、実際のズッキーニは、キュウリより太いのですが、キュウリという言葉を聞いて、もっと細長いものを想像しているかもしれません。

ここが比喩の難しいところで、いくら口で説明しても写真にはかないません。さらに、いちばんいいのは、ズッキーニを実際に見て、食べてもらうことです。

いずれにせよ、ビジネスの場で、相手の知らない概念を説明する場合、まずは相手にわかる比喩を使ってイメージを落とし込むことです。でも、それだけではたいてい誤解が生じるものなので、より丁寧に、画像力や視覚化力、数字力を使ったフォローアップや、実際に体験してもらうといった複層的な手段が必要になるのです。

このとき、説明と体験の順番を逆にしないほうがいいでしょう。まったくわからないなかでいきなり体験させるよりは、まずズッキーニについて、説明してから食べてもらう。なるべく相手の気持ちのハードルを下げながら、体感してもらうことをお勧めしたいと思います。

しつこいようですが、

言葉というのは、非常に限られた情報量で、自分の体験を相手に伝える、考えを相手に伝える、感触を相手に伝えるための手法です。

ですから、

どうやって相手の気持ちを膨らませるか、相手の考えを膨らませるか、このために、言葉を選択します。

そのなかで、比喩というのは、たいへん有効な手段なのです。

言語力を身につけるための四つの実践方法

読書、話す・書く、辞書・検索、ブログ

今、挙げてきた三つの基本テクニックを身につけるために、具体的にはどうしたらいいのでしょうか？　これまでの章と同様、四つに整理して進めたいと思います。

①読書・読書・読書
②話す時間・書く時間の質量を高める
③辞書を引き、検索するクセをつける
④ブログで訓練する

① 読書・読書・読書

読書については、拙著『効率が10倍アップする新・知的生産術』(ダイヤモンド社)等にたくさん書いてありますし、『本を読む本』(講談社)といったような名著もたくさんありますので、細かい話はここでは避けますが、とにかく言葉を知るということは、人の考え方・体験を数多く知るということです。人の考え方を知るために、非常に有用なのは、やはり本を読むことです。

もちろん、直接会って聞いてもよいですが、ふだん、本を書くような人に会うというのは、なかなかむずかしいと思います。いくら今、本がたくさん出ているからといって、百人、二百人、自分の知り合いを思い浮かべたときに、本を書いている人というのが何人ぐらいいるでしょうか？ さらに、ほんとうに売れている本や、ああ読んでよかったなと思える本を書いている人となると、どうでしょう？

そう考えると、異業種交流会であるとか合コンみたいなものに行って、ビジネス上、役に立つ人を探すよりは、書店に行って自分の気に入った本を探して読むほうが、よほど早く確実に、考えたい課題、知りたい知識、知りたい技術、知りたい言葉、知りたい比喩が手に入ると思うのですが、どうですか？

価格も、異業種交流会に五千円払うのだったら、本が三冊は買えます。
すき間時間にできるだけマメに本を読むことで、言葉の力はだんだんとついてきます。
ここで言っている「言葉」というのは、単なるボキャブラリーのことではありません。

ボキャブラリーの裏側にある知識、経験、世界観、考え方、想定、仮説、そういうものを知るのが読書です。

読むことで、言葉を知り、言葉が表すその著者の世界観を知る。その繰り返しによって、他者の体験を疑似体験し、新しい知識を身につけ、それを人に説明できるようになることです。
言葉という粘着材を使うことで、新しい知識と古い知識が重なって、また新しいものが生まれだします。

言葉を使って、いろいろなものをつなぎ、想像していく、仮説を立てていく、考え方を紡いでいくのです。その材料になるのが読書です。

読書といいますと、明日からすぐ役に立つ実践的なことがらをパッパと手に入れようと考えがちですが、そうではありません。今すぐどうしても知りたいことがあり、それに近い言葉を探してさっと読書するという方法も悪くはないと思いますが、それでしたらもっと直接的な方法があると思います。

本は、いろいろな人の体験や知識や考え方を疑似体験することによって、世界観を広げ、新しい考え方を生むために読みます。**読書の役割は、概念的なものを学ぶこと**です。

もちろん、読書だけではなく、映画を観る、セミナーを聞きにいく、いろんな人と楽しい話をするというのも、並行して行ってください。

②話す時間・書く時間の質量を高める

二つめにお勧めするのは、とにかく話す時間、書く時間という物理的な時間を増やすということです。結局、さまざまな作業に追われて、人とゆっくり話したり、じっくり文章を書くことができなくなっているかもしれませんが、話す時間というのは、ちょっとした工夫でつくることができます。

たとえば、営業の電話ひとつとっても、いやいや電話するのと、一本一本、どんなふうに話せば相手の心に届くのかと考えながら電話するのとでは、まったく違います。

会議でのプレゼンテーションや、同僚や上司と話をするときもそうです。聞き手の心に訴える話し方、つまり、相手の無意識層に働きかけ、体験を呼び起こす言葉を選んで話すのと、のんべんだらりと、だらだら話してしまうのでは、同じ時間でもまったく違ってきます。

毎日がプレゼンテーション、毎日が日々の考えを整理する場だと考えて、話す時間を増やしていきませんか。

書く時間についても同様です。メールだけでいいますと、私は一日四十〜五十通、多くの人が同じような数は出していると思います。さらに、社内文書を書く機会も多いはずです。

これも、さらっと流して書くのではなく、新しいこと、考えていること、次に表したいこと、相手に訴えたいことを、一とおりではなく、何種類かなるべく多くの形式で書いてみることです。箇条書きにする、フレームワークに落としてみる、ラベリングしてみる、言葉遣いを変えてみるなど、書く機会があるたびに、試してみてほしいと思います。試す回数が多ければ多いほど、書く時間が充実してきます。

日々の話す時間、書く時間のすべてをトレーニングの場にする

勉強とかトレーニングというと、そのために時間をとって行うものという意識があるかもしれませんが、そうではなくて、**日常生活の中で実際に話している時間、書いている時間を訓練**

の場とするのです。いろいろ工夫し、試していくのです。

心臓外科医の方の本で、次のようなことを読みました。言うまでもなく、心臓外科の手術というのはちょっとしたミスも許されない。そこで、医師たちがふだん何を心がけているのかというと、たとえば、食卓で何かを取ろうとしたはずみに、お茶碗や醤油差しを倒しそうになるようなことはよくあると思いますが、心臓外科医の方は、そういう状況をつくらない。というのも、たとえ食卓の場であっても、もし水や醤油がこぼれるようなことをしてしまうと、手術のときに、ちょっとしたミスで、生命にかかわるような事態を無意識に引き起こしてしまうかもしれない。だから、日常生活から非常に事細かに注意して行動しているというのです。

書くことも話すことも同様です。何もしていないのに、ある日突然うまくなるということはありえません。だからこそ、ふだんからのトレーニングが重要です。そのための時間が重要です。たとえば、スピーチのトレーニングにおいても、しっかりとした考えを持ち、ふだんから明確な話ができる人は、やはりスピーチも上手なわけですし、ちょっとした日常的なメールの上手な人は、やはりわかりやすい本が書けるのです。

日々の話す時間、書く時間を、すべてこれ、訓練だと考え、時間と質を増やしてほしいと思っています。

③ 辞書を引き、検索するクセをつける

言語力をつけるための三つめの実践方法としてお勧めしたいのは、辞書を引いたり、インターネットで検索したりして、言葉の意味を理解し、使い方を工夫する癖をつけることです。

知らない言葉はもちろん、一応知ってはいるのだけれど自信がない、曖昧だ、という言葉があったら、サッと辞書を引きます。インターネット検索のほうが確かに楽ですが、インターネットにもない情報はたくさんありますので、私は電子辞書と辞書検索、そして、実際のインターネット検索を併用することをお勧めしています。また、漢字仮名変換（ＡＴＯＫ）にも辞書を組み込み、同音異義語の意味がすぐに出るようにしています。

インターネット検索の利点は、生きた用例を豊富に見ることができること

特にインターネット検索だと、ウィキペディアなどで言葉の意味を簡単に調べられるため、ついついそればかり見てしまいがちですが、ウィキペディアはご存じのとおり、情報としては専門家ではなく、衆人の知恵から成り立っています。結果として、量はとても充実していますが、必ずしも質が学術的に正しいかどうかはわかりません。

そのため、私はウィキペディアを参考程度に見つつも、同時並行的に辞書や百科事典も引いて、双方見比べながら考えていきます。

私はもともと読書好きなので、本、本、本と言っていますが、一方で、インターネットについても、おそらくかなりの頻度・時間で使っているほうだと思います。

インターネット検索が辞書に比べて優れている点としては、たとえば、ある言葉を検索すると、いろんな人がその言葉に関して書いているブログやサイトの記事をすぐに見つけられることです。すると、今その言葉は、みんなにどのように使われているのか、つまり、生きた用例が一目でわかるわけです。それを見て、自分の考えている言葉の意味合いと、世間で使われている言葉の意味合いの違いを知り、改めて相手側のスキームを確認することができます。

たとえば、比喩についても、メタファーとかいろいろな言い方をされますが、メタファーというのは隠喩であって、比喩の中の一表現にしかすぎないということは辞書を引けばわかります。同じように、どういう人が比喩について語っているのかもわかりますし、先に触れた「イメージ・ストリーミング」という言葉も、検索してみれば、一般用語としての用例もあれば、ウイン・ウインガーが唱えたイメージ・ストリーミングの具体的な方法を指すこともあるのがわかります。

ほかにも、ふだんから百科事典を頭からずっとめくっていったり、辞書も、一つの用語を確認したついでに、類語もずっとたどっていけば、とても楽しい辞書の旅になります。私も小さいころ、父親の書斎にあった百科事典や広辞苑などを、特に目的もなくいつも頭から読んでいたことが、今となってはとても役に立ったと感じています。

この辞書を引くという習慣、検索するという習慣をぜひ身につけてほしいなと思います。

電子辞書なら、一つの言葉を複数の辞書をジャンプしながら引ける

ちなみに、電子辞書には紙の辞書にはない利点があります。それはジャンプ機能です。ふつうの辞書ですと、辞書間の移動というのがとてもたいへんなのですが、電子辞書なら、すぐにそのままジャンプして、同じ言葉をいろいろな辞書で引いて比較することができます。

たとえば、「アナロジー」という言葉を類語辞典で調べたあとで、大辞林に戻って、ふつうの国語辞典に戻って、マイペディアに戻って、そしてまたこれを英英辞典で引いて、といった具合に、どんどん、その言葉に対する知識を複数の辞書を使って深めていくことができます。

これは私の小さいころには決してできなかったことです。

そのためにも、ぜひ、ちょっと大きめの電子辞書を使って言葉を「探索」し、言葉を楽しむ習慣を身につけていってください。

④ ブログで訓練する

言語力最後の実践方法は、ブログで訓練することです。

ブログに対する私のイメージは「簡易出版」です。これまで出版というと、企画や原稿が出版社で採用になり、編集者の手を経て、書店流通にまわって、書店の店頭に置かれてと、一定のプロセスをたどることが必要でした。そうしないと、自分の文章を不特定多数の人に読んでもらうことはなかなかできませんでした。

ところが、ブログのすごいところは、そうしたプロセスを経なくても、素人や出版を目指す人が、明日からでも今日からでも、さあやってみようと思ったら、すぐにその場で文章を不特定多数の人に読んでもらえる途が開けたことです。

それは、自分の考え方を、温めて、丸めて、伸ばして、フレームワークに入れて、言葉に落として、人に説明してみること、しかも、それを不特定多数の人が見て、おもしろいかどうか、評価してもらうということです。

この、不特定多数の人が見る、ということが、どれほど緊張を伴うたいへんなものなのか、実際にやってみるとわかります。言葉というもので、いったいどのくらい他人に影響を与えられるのか、ほとんどだれも見てくれないとか、知り合いに言って読んでもらってもリピーターにならずに去ってしまうとか、自分がどのくらい魅力あるコンテンツを書き続けられるか、まさに武者修行の場です。

もちろん、最終的には出版というところまで結びつけられるとベストだと思います。最近は、いろいろな出版社が、おもしろそうな人はいないかと素人のブログも見ているそうですし、一方、アルファブロガーといわれているような、一日に何万人も訪れる、ちょっとした一般紙よりはよほど影響力があるような記事を書いている人もたくさんいます。言葉を紡ぐ手段として、それを成果として表す手段として、あなたもブログを書くことを強くお勧めします。

と、このように、私は本や講演など、さまざまなところでブログを書きましょうと言っています。その結果、ウェブで確認できている範囲だけでも、私の勧めをきっかけに五十〜六十人以上の方が実際に始めてくれています。わざわざ、勝間から聞いて始めましたなどと書かずに始めた方もいらっしゃると思いますので、実質的にはもっと多いと思います。

始められた方たちの様子をブログから察するに、やはり言葉に出すことによって、思っていることが行動につながりやすくなりますし、行動することによって、考えがまた深まり、その結果、また新しい言葉が身につき、それを表現することによってまた行動が生まれ……と、思考とフィードバックの流れが、どんどん速まっているような気がします。

言葉を使うということは、**自分が体験し、考えたことを言葉にして人に伝え、それに対する**

フィードバックをもらう、この繰り返し、いわばＰＤＣＡ（Plan-Do-Check-Action）サイクルをぐるぐる回すことです。

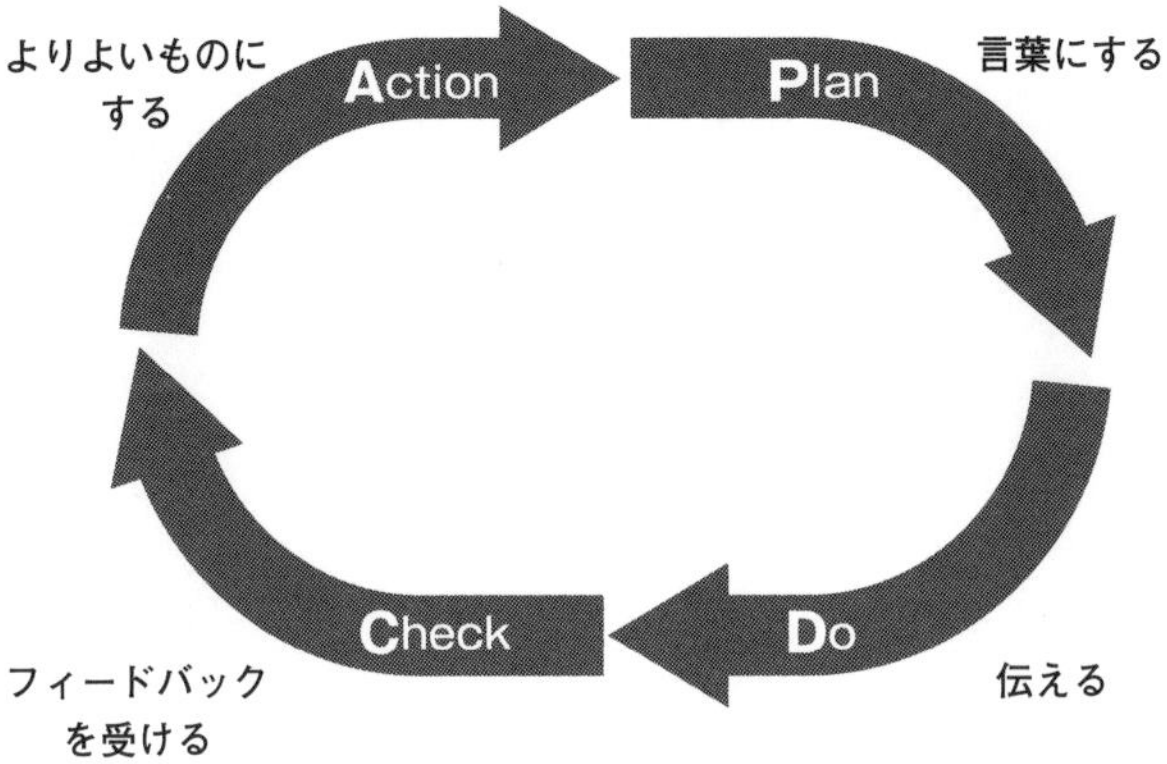

昔だったら出版という限られた手段しかなかったことを、今はブログという非常に安価で簡便な手段で、でも競争の激しい世界にデビューできるわけですから、これを使わない手はないと思います。ぜひ、やってみてください。

そして、写真や図表、数字など、言葉以外のものを併用して、相手の体験を呼び起こし、相手に将来使ってもらうための工夫も忘れないでほしいと思います。

第8章

六つめの力
知的体力
Mind-Body Correlation

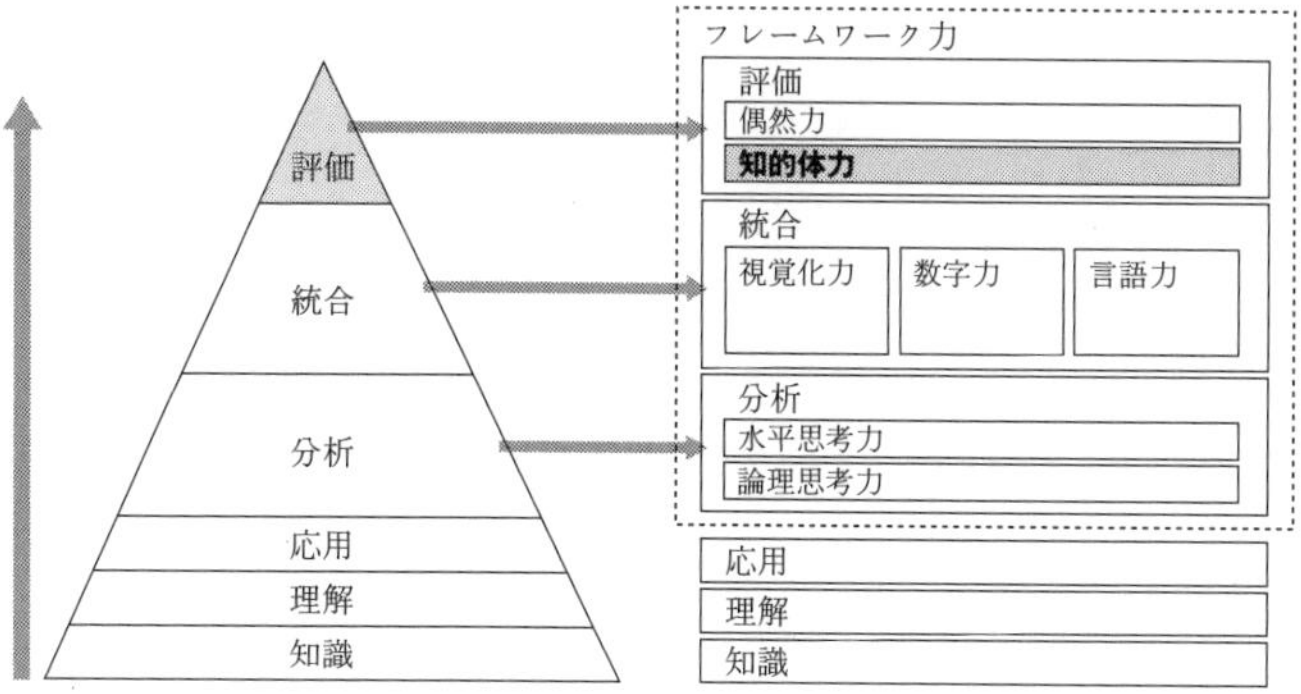

思考と実行をつなぐ「評価」のフレームワーク

本書もそろそろ最後に近づいてきました。

ここまで、七つのフレームワーク力として、論理思考力、水平思考力、視覚化力、数字力、言語力を挙げてきましたが、第一章でお話ししたように、そして、毎回、章扉に示していますように、それらはもともと、より大きなフレームワークの構成要素でもあります。

すなわち、**知識・理解・応用・分析・統合・評価。** 思考とは、この六つの層の組み合わせです。

ただし、知識・理解・応用までは、学校教育の中で身につけてきたフレームワークなので、本書では扱わず、上段の**分析・統合・評価をビジネス思考力として位置づけ**、説明してきました。

まず、「分析」のためのフレームワークとして、論理思考力、水平思考力、

次に、分析したものを「統合」するフレームワークとして、視覚化力、数字力、言語力、

これらのそれぞれについて、その基本テクニックと訓練方法を挙げてきたわけです。

そして最後が、「評価」のためのフレームワーク。**思考と実行をつなぐ、もっとも重要なステップ**です。というのも、この「評価」というのは、これまでフレームワークとして説明してきた個別のスキルをすべて統合し、体感するステップでもあるからです。

わかりやすく言いますと、ふだんの私たちの身体や心、頭の動きの中で、あっ、このことが自分にとって有用なのだ、大事なのだ、このことを人に知らせなければいけない、自分の人生の中に活かしていかなければならないという、いわば「気づき」のプロセスです。

このための能力として、これからお話しするのは、**知的体力**と**偶然力**です。

人より優れたパフォーマンスを発揮していくには、実はこの知的体力と偶然力が鍵になります。これまでの五つの能力がいくら優れていたとしても、最後の知的体力と偶然力が優れていなければ、あくまでも平均的なレベルにとどまってしまうのです。

この章では、まず知的体力について説明していきます。

知的体力をわかりやすくいうと

最初に、知的体力についてお話ししたいと思いますが、その前に、なぜ、この体力がビジネス思考力と関係があるのかということについて、**「多重知性理論」（マルチプル・インテリジェンス＝ＭＩ理論）**の話をさせてください。

「多重知性理論」（マルチプル・インテリジェンス）

マルチプル・インテリジェンスというのは、ハーバード大学のハワード・ガートナー教授等が中心となって唱えはじめた理論（一九九三年『Flames of Mind』Basic Books）です。「教育」という視点から人間の知性について研究していくと、言語的知性、論理・数学的知性のような一般的に知的だと思われているもの以外に、音楽や運動ができたり、人とのコミュニケーションがうまくできたり、自分の感情や思考を理解できたりするということもまた知性であって、それらの間に優劣はない、というものです。
具体的には、知性を次の八つに分けています。

①**言語的知性　Linguistic Intelligence**
②**論理・数学的知性　Logical-mathematical Intelligence**
③**音楽的知性　Musical Intelligence**
④**空間的知性　Spatial Intelligence**
⑤**身体運動感覚的知性　Bodily-Kinesthetic Intelligence**
⑥**対人的知性　Interpersonal Intelligence**
⑦**内省的知性　Intra-personal Intelligence**
⑧**博物学的知性　Naturalist Intelligence**

（出所　http://www.japanmi.com/mifile/review/review/hglecturemidrft.htm）

これらのうち、言語的知性や論理・数学的知性については、本書でも、論理思考力・水平思考力・数字力・言語力として挙げてきました。音楽的知性と空間的知性の一部については、視覚化力で、対人的知性は言語力のところで、カバーしていると思います。
そして、これから説明する「知的体力」が、身体運動感覚的知性というわけです。

心は身体の中にある？

さて、この身体運動感覚的知性というのが何を意味するかというと、すなわち、身体と頭は連動している、つまり、数字や言葉を考える脳の場所と、運動のための脳の場所はかなり近いところにあって、運動したり、リラックスしたりすることではじめて、いわゆる思考力もよく働くようになるということです。

あるいは、こんな仮説もあります。すなわち、心というのはどうも、肺が行う呼吸、腸で行われている消化など、体内のさまざまな内臓が生み出すものであって、頭というのはあくまで、そのディスプレイの役割を果たしているにすぎない、つまり、情動など、いわゆる「心」の動きのすべてが頭の中で生じているわけではない、という仮説です（詳しくは、『内臓が生み出す心』（西原克成著、日本放送出版協会）をお読みください）。

たとえば、腹に据えかねる、腹に落ちる、腹が立つ、すべて「腹」が出てきます。心というのは頭、脳みそにあるのではなくて、自分たちの身体の中にあるのではないか、ということが、専門家の間でも言われはじめているのです。

したがって、私たちが自分の思考力を最大限に発揮しようとするとき、そこで重要なのは、いかに身体を健全に保ち、心を健全に保っていくかです。偏りない素直な心で、いいものはいい、悪いものは悪いと認め、行動に移していけるかどうかが、思考力の最大のポイントになります。

この心と身体の関係を、ここでは「知的体力」と表現しました。

これから、いかにして、この「知的体力」を身につけ、鍛えていくのか、これまでと同様、三つの基本テクニックと四つの実践方法に分けて、説明していきます。

切り口1　基本となる三つのテクニック（身体と頭の関係を理解する、健全な精神が健全な発想を生む、食べ物と知力の関係を理解する）をしっかり理解する

切り口2　身につけるための四つの実践方法（ブレインジムの体操を行う、聴覚・触覚・味覚・嗅覚を鍛える、三毒を追放する、身体にいいものを中心に生活する）を続ける

知的体力を身につけるための三つの基本テクニック

身体と頭、健全な精神、食べ物と知力

知的体力を鍛えるために、私がお勧めするのは、次の三つのテクニックです。順に、詳しく説明していきましょう。

①身体と頭の関係を理解する
②健全な精神が健全な発想を生む
③食べ物と知力の関係を理解する

① 身体と頭の関係を理解する

知的体力の最初のテクニックは、身体と頭の関係を理解することです。

思考というと、頭の中で考えることだけに焦点が当たりがちですが、**実際には、思考は五感全体、身体全体で行われています。**

だからこそ、睡眠不足の状態ではろくな考えが浮かばないわけですし、運動不足でもなかなかいい考えが浮かびません。

逆に、身体を鍛え、十分な休息をとって、よいものを食べていると、インプットしたものが寝ている間に自動的に整理され、統合されて、のちに、いいアイデアとして、ふっと浮かんできます。これは、どなたも経験にあると思います。

ですから、**頭を鍛えるのと同じくらいの労力を使って、身体を鍛える**ことが重要です。

身体を鍛えるために、スポーツを始めたり、定期的にジムに通うこともいいですが、それよりもっと大事なのは、ふだんから身体を大事にして、**身体感覚**を磨いていくことだと私は考えます。

たとえば、何か新しいビジネスアイデアを探しているとします。この場合、ふつうは一生懸命に、情報、データの収集に努め、数字と言葉で考えようとします。

けれども、そうではなくて、まず、新しいアイデアを生み出しそうな場所に行ってみる、新しいアイデアのネタになりそうなものを実際に見て触ってみる、あるいは、思いっきりいろいろなアイデアを頭に詰め込み、人と話をして情報を得てから、いったん、ぼーっとして、三日くらい寝かせてみる――抜きん出たアイデアというのは、机上ではなくて、こうした過程で生まれることのほうが多いと感じています。

もちろん、この「寝かせている」間も、つねに頭に置いて、情報を整理し、何が問題なのかを考えていることは必要です。

よく、頭ではわかっているのに、身体が動かないといいますが、これは当然で、頭でわかっただけでは身体は決して動かないようにできているのです。頭が思ったことにいちいち全部従っていたら、生命の保持という点でも危険このうえないからです。

心底納得して、身体全体でそれが正しいんだということを理解したうえでないと、身体は動きません。

心と身体は一体化している

私の好きな本の一つに、『記憶する心臓』（クレア・シルヴィア＋ウィリアム・ノヴァック著、角川書店）という本があります。これは、心肺移植をした人に、もともとの心肺の持ち主であった若い少年の心が移ってしまうという本で、それを体験した女性の手記になっています。学術的にはなかなか認められていないところも多いのですが、納得できる点もあります。

ボディ＝マインド、つまり身体と心が一体化しているということや、セルラーメモリー、つまり細胞記憶という、細胞の中にいろいろな記憶が入っているという概念です。

心と身体は一体化している、そう実感していますので、私自身は、頭で考えたことはすぐに実践して癖にしてしまうように努めていますし、頭で納得できないことについても、とりあえず身体を動かして考えてみます。

ＩＣレコーダーやコンピュータ、本が大事なのは、それらを使うには、物理的に手足を動かさざるを得ないからです。ＩＣレコーダーに吹き込むために、言葉にし声に出してみると、当然、横隔膜が震えて、呼吸が始まって、頭が動いて、声帯が動く、そして頭が動きだします。コンピュータを操作するときに指を動かせば、当然頭も動きだします。

こうした心と身体のつながりが理解できると、実際に何か考えを導こうとするとき、まずは身体を動かして、実際に五感で確かめて、ものを見て、匂いを嗅いで、感触を味わって、聞いてみて、そして、考えていることを人に話して、文字に落としてみて、プリントアウトして紙にして、また考えてみて、呼吸して、いったん休んで、また考えてと、この繰り返しによって思考を進めていけるようになります。

こうしたことの繰り返しを経てはじめて、私たちは、得た知識を統合し、その統合した知識が役に立つのかどうか、人に伝えるべきものなのかどうか、心底納得することができます。そして、人を動かすことができます。

②健全な精神が健全な発想を生む

新しい発想を生むには、やはり自分の精神と肉体が健全であるということが大事だと思っています。精神的に安定していないと、わけのわからない混乱した考え方とかバイアス（偏り）のかかった考え方をつくってしまうように思います。

また、人から批判されたり、注意を受けたり、批評を受けたりしたときも、自分が落ち着いた状態のときならすっと受け入れられるものですが、切羽詰まったところでやっていると、キーッと感情的になってしまいます。

つまり、**知的体力といったときの体力には、肉体的な体力だけではなく、精神的な体力も含まれ、それらを健全な状態に保つことが必要**だと思うのです。

よく打たれ強さとか忍耐力といった言葉で表現される、プレッシャーを受けたときに、それをしなやかにしたたかに、自分のものとして取り込み跳ね返せる力というのも、この知的体力の一部だと思います。そのためにも、やはりふだんから悩みごとはなるべくない状態にしておきたいと思いますし、身体の調子も万全であるにこしたことはありません。

すべてのことを無理やり、必要以上にねじ曲げてポジティブにとらえる必要はありませんが、

いいなと思えることを知ったら、
とりあえずやってみよう、取り入れてみよう、考えてみようとする繰り返しのなかで、
人は進化していく

のだと思います。そして、それは、健全なる精神と頑強な肉体があればこそのことです。

とはいえ、どうしてもやる気が出ないときというのは、だれにでもあると思います。そんな

ときは、試しに、何もせずに一日二日、休息をとってみてください。すると、内側からふつふつと力が湧いてきて、何かしないと気持ち悪いぐらいの感覚になるはずです。まさしくそれが私たちの身体の狙いであり、仕組みです。

ビジネスであれ何であれ、私たちは、つねに限られた情報の中で思考することを余儀なくされています。すべての情報が手に入るわけではありません。ですから、ある程度の情報を手に入れたら、肉体的にも精神的にも健全な状態を保つ、すると、その限られた情報の中から、新しいアイデアが生まれてきます。

みなさんの周りにも、どうしてこの人はこんなにたくさんいいアイデアが浮かぶんだろうという人がいると思います。ぜひ、そういう人の生活を見てみてください。たいてい、人生を楽しそうに生きているのではないかと思います。

髪を振り乱し、悲愴な顔をしながら、いいアイデアが浮かぶというよりは、ふわふわっとした感じで、ニコニコ笑い、おいしいものを食べ、運動もしっかりして、自分の人生も楽しんでいる、そんなときに、新しいアイデア、新しい考え方が浮かぶのではないかと思います。

健全なる精神と健全なる肉体こそが発想力の源です。このことをもっともっと重視していきたいものです。

③ 食べ物と知力の関係を理解する

知的体力の三つめの基本テクニックは、食べ物と知力の関係を理解することです。

よく、頭がよくなる食べ物があるかないかが話題になりますが、頭と身体はつながっているわけですから、当然、身体にいいものを食べたほうが頭にもいいでしょう。

アルコール・カフェイン・ニコチン・甘いもの

では、頭に悪い食べ物があるのかということですが、たとえばアルコールは、確実に脳細胞を破壊していきますので、過度にとれば当然、頭に悪影響があります。

では、これをやめればいいかというと、やめることによってまた別のストレスがたまれば、当然そこで、脳細胞、あるいは身体に対する悪影響が出ます。ですから、必ずしもゼロイチでは考えられないのですが、もし気持ちよくやめられるのであれば、アルコールをなるべく減らすことは、知的生産性を上げる一つの方法になります。

アルコールと並ぶ嗜好品のカフェインもまた、一時的に頭をすっきりさせる効果もありますが、常用するとカフェインがないと頭が働かないようになってしまいます。これは、ニコチンも同じです。ですので、ニコチンやカフェインの過剰摂取というのは、全体的な生産性を下げてしまうわけです。

したがって、もし生産性を上げたいと思うのなら、まずは、アルコール、カフェイン、ニコチンを減らす方向で動くことです。いずれも、わかってはいるけれどできない、という人が多いと思いますが、実は、それは、**わかっていないからできない**のです。人は、ほんとうにわかっていれば動く。腹落ちすれば、自動的に行動は変わるのです。

ですから、アルコール、カフェイン、ニコチンをやめることのできない人というのは、自分の中で、それが成功体験として腹落ちしていない、**続けることのデメリットとやめることによって得られるメリットに関する情報が圧倒的に不足している**のです。だから、実感がない。実感がないからやめられないのです。

なお、血糖値の上がり下がりが大きすぎると、頭や身体に悪影響を与えますので、甘いものも食べ過ぎないこと。甘いものに限らず、味の薄いものを食べていくことも重要です。

日常の習慣の中から環境を整える

食べ物が、いわば身体の内部環境を整えるものであるとすると、文字どおりの外部環境も知的生産性に大きな影響を与えています。

たとえば、非常に狭い場所、暑い部屋、うるさい環境では、なかなか集中力を持続するのがむずかしいものです。五感もまた、頭の働きとつながっているからです。自分にとって心地よい、快適な環境を整えることも、思考力を高めるうえで忘れてはいけないことがらです。

さて、このように、食べ物や環境が知力に大きく影響するということを知っていると、日々の小さな行動も変わってきます。たとえば、アイデアを考えるときには、より積極的に野菜や果物を食べようということになるでしょうし、もし目の前に白米と玄米があったら、必ず玄米のほうを選ぶことになると思います。

日常の習慣的な一つひとつの動作、一つひとつの作業を、どうしたら思考がよりクリアになるのか、発想がより明確になるのかということを考えて選んでいくのです。会話をするとき、食事を選ぶとき、運動するとき、本を読むとき、つねに考えます。

気持ちのよい場所に行くことも、ネガティブな感情が生まれない人とつきあうようにすることも大事でしょう。

すべては、日常の習慣から生まれます。

知的体力を身につけるための四つの実践方法
ブレインジム、四感を鍛える、三毒追放、身体にいいもの

それでは知的体力をつけるのに効果的な、次の四つの実践方法を順に紹介していきましょう。

①ブレインジムの体操を行う
②聴覚、触覚、味覚、嗅覚を鍛える
③三毒を追放する
④身体にいいものを中心に生活する

①ブレインジムの体操を行う

まず、お勧めしたいのが、ブレインジム（Brain Gym）という体操です。ちょっと耳慣れない言葉だと思いますが（フォトリーディングを習った人は、Edu-Kという言葉で覚えているかもしれません）、アメリカの教育学者のポール・デニソン博士が学習障害（ＬＤ）などの軽減のために、脳の働きを統合するエクササイズとして開発したものです。

実際、私たちの脳の使い方は、いわゆる左脳、先ほど紹介した「マルチプル・インテリジェンス」のうちの論理・数学的知性、言語的知性に偏ってしまっています。左右のバランスが悪いのです。

頭と身体はつながっていますから、それは身体の動きにも現れます。たとえば、左右違う動作をしようとすると、これが非常にむずかしい。すぐに連動してしまいます。よくリトミック体操で、左手は二拍子、右手は三拍子で動くようなことをしますが、これも、最初はほとんどの人ができません。

ところが、ブレインジムの中の簡単なエクササイズ（右ひじと左ひじを合わせるとか、右ひじと左ひざ、左ひじと右ひざを合わせるとか、右手で左足のかかとを触り左手で右足のかかとを触るとか、あるいは、ブレインボタンと呼んでいる鎖骨のあたりのツボを押してもみほぐしたり、耳を引っ張ってもみほぐしたりする）をすると、ほんとうに、ブレイン、つまり脳が活性化するのを感じます。実際、脳が活性化し、学習効果が上がるという実証研究も出ています。

これは、オカルトでもなんでもなくて、純粋に脳がそういう仕組みになっているからで、変な人に思われるリスクがなければ、ちょっと新しい発想がほしいとき、職場でも、ちょっと、このブレインジムの体操をしてから、仕事に取り組むと効果的だと思います。

ブレインジムの具体的な体操は、次のページなどでダウンロードできます。

http://www.sasebo-jc.or.jp/files/files0038.pdf

②聴覚、触覚、味覚、嗅覚を鍛える

次に、お勧めする実践方法は、視覚以外の感覚の力、すなわち、聴覚、触覚、味覚、嗅覚を鍛えることです。放っておくと私たちは、情報処理の約八割を視覚に頼ってしまうことが、さまざまな実験でわかっています。そこで、視覚以外の四感、聴覚、触覚、味覚、嗅覚を積極的に使うと、認知が高まり、勘が冴えるようになります。

人工的な食べ物を避ける

たとえば味覚については、できるだけ食べ物本来の自然な味を味わうことです。チョコレートのような砂糖がけの食べ物、ポテトチップスのような塩辛いもの、化学調味料を使った加工食品などに慣れてしまうと、ほんとうに味覚が鈍ります。鈍感になるというのはどういうことかというと、ほんものの味覚を味わっても頭が働かないということです。

すると、偽物の味覚ばかり発達してしまって、ますます偏った人工的なものばかり食べることになり、身体と頭にどんどん悪影響を及ぼします。

人の雰囲気は嗅覚で感知する

嗅覚に関しても、昔は、食べ物の採取や狩猟に欠かせない非常に重要な感覚だったのですが、現代では、嗅覚を意識することはほとんどなくなってきてしまいました。ところが、私たちが今、場の雰囲気とか人の雰囲気を察知するときに使っているのは、この嗅覚なのです。

なぜ、人の雰囲気を察するのが嗅覚なのかというと、おそらくその人が持っている性格とか、生活行動パターン、ふだんどの程度身ぎれいにしているのか、何を食べているのかということが、においという形で周りに発散されているからではないかと思います。この人、なんとなくいい感じがするとか、嫌な感じがする、というのは、微妙な相手のにおいを感知し、それによって判断しているのです。

この嗅覚を磨いていると、タバコを吸う人とか、香水をたくさんつけている人、あるいは身体を身ぎれいにしていない人が近づいてくると、かなり遠い距離でも感覚的にわかるようになります。

もちろん、そういう人たちのなかにもいい人たちはいますが、自己規制ができていない人たちも多く、つきあうといろいろ悪いことが起こるので、やはりこの嗅覚によってかぎわけていくことが大事だと思います。

よい触り心地がよい刺激を与える

触覚も同様です。意外と見落とされている感覚ですが、たとえば、着心地のいい洋服を着ている日は、気分よく動けます。そればかりか、思考のバランスというのも触覚からくることが多いと感じています。

たとえば、私は機器が好きで、ＩＣレコーダーとかカメラとか携帯電話とか、いろいろなものを試していますが、全般に、どことなく丸みを帯びたデザインのほうが長く使えるように思います。やはりそのほうが触れていて気持ちがいい、使っていて気持ちがいいからです。

この気持ちがいいという感覚がまた頭によい刺激を与えるので、知力が増すということになるのです。ふだんから、気持ちのいいものに囲まれていると、精神も落ち着き、考えもまとまりやすくなります。

オーディオブックと優れた演奏を聴くことの勧め

聴覚については、私はかねてより、オーディオブックをずいぶん推奨していますが、それは、文字情報にしたときに失われてしまうような細かいニュアンス、音の高低、音のつながり、そういったものを耳で拾えるからです。

言葉というのは、もともと音、話し言葉から生まれました。現に、今でも文字はなくて音声だけがある言語はたくさんありますが、その逆はありません。ですから、耳から情報を得る機会をもっと増やし聴覚を研ぎ澄ますことによって、より多くのアイデアが生まれてくるようになります。

聴覚といえば、音楽を無視することはできません。気持ちのよい音楽が頭の活性化にもたらす効果については、いろいろなところでいわれています。

音楽でおもしろいのは、楽譜どおり正確に弾いた曲をＭＩＤＩなどの電子機器を使って正確にきちんと録音したクラシックの音楽より、微妙な揺らぎ、ブレのあるほんものの演奏のほうが、聞いていて気持ちがいいということです。その微妙な揺らぎ、ブレをコントロールし、しかも気持ちよく聞こえるように奏でる、それが人間の力ですし、一流の演奏者の力だと思います。その一流の演奏家の奏でる音楽を聴くことが、聴覚を鍛えます。

英語についても、オーディオブックを使ってから飛躍的にＴＯＥＩＣの点数が上がったり、英語が話せるようになったというられしい報告を、読者の方からいくつも受けました。もっともっと、耳から頭を活性化していってほしいと思います。

感覚を刺激する、感覚で判断する

視覚化力のところで、思考を人に表現するときには、視覚的効果を考えて、相手を動かすことが大事だという話をしましたが、同時に、その表現が、相手の聴覚を刺激するものでもあり、触覚を思い起こすものでもあり、味覚を想像できるものでもあり、嗅覚で感じられるものでもあるとき、つまり、五感を通じて感じとれるものであるときに、私たちが伝えたいことが、相手により効果的に伝わります。

一方、情報を受け取り、評価するときも、論理・数学的、言語的な面からの評価だけでなく、気持ちのいい感じ、おいしそうな感じ、いいにおい、気持ちのよい聴き心地といった、視覚以外の感覚器からの情報も、重要なものとして取り入れたいものです。

共感覚の世界

この項の最後に、「共感覚」を加えておきます。詳しくは、共感覚についての本を読んでいただくとして、概念だけ説明しておきます。共感覚とは、五感が全部連動している、という話です。

というのも、そもそも五感という表現自体、私たちが無理やり五つに分けているだけであって、実はこれ、全部が連動しているのです。

わかりやすい例としては、たとえば、本を読んでいるときに、頭の中で音楽が鳴るのを感じたことはないですか？　人によっては、食べ物の味を形で表現しますし、数字に色が見えるという人もいます。これが実感できるようになると、五感というものが、実におもしろい動きをすることがわかってきます。

いずれにせよ、感覚がつながることにより、新しい思想、新しいアイデア、そして新しい考え方を生みます。自分でものを考えたり、人にアイデアを伝えたりする際に、五感がハーモニーを奏でながら、大活躍するということをイメージしてみてください。

③三毒を追放する

知的体力をつける三つめの実践方法は、仏教でいう三毒を追放することです。

三毒とは、妬む・怒る・愚痴るで、これらをしないことで煩悩が去るという教えです。

二〇〇一年から私も、この「仏教の三毒追放」を試みてみたところ、煩悩から解放されたかどうかはともかく、まず、考え方の癖に非常に大きな効果がありました。頭がすっきりしたのです。

理屈は簡単で、妬む・怒る・愚痴るというのは、やはり体に毒を回します。いずれも、ネガティブな考え方ですので、その分、頭と身体が傷むのです。

それに対して、三毒を追放するということは、妬まないためにはどうしたらいいのか、怒らないためにはどうしたらいいのか、愚痴らないためにはどうしたらいいのかを考えることで、否が応でも、発想が、いわゆるポジティブ・シンキングになっていくということだと思います。

実例でいいますと、山田真哉さんの『さおだけ屋はなぜ潰れないのか』（光文社）は、なんと一六〇万部も売れていて、同じ会計士としてはやはり私も羨ましいのですが、その羨ましいということを妬みに変えるのか、あるいは、いつか追いついてみようと戦略に変えるのかでは、大きな違いです。

私は追いついてみようと思い、いっしょに本を並べるにはどうしたらいいのか、同じくらい売れる本を出すためにはどういう戦略が必要なのか、今、世の中に何が求められていて、私だったら何が提供できるのかということを考えました。

そうすると、そこに向かってアンテナが立つようになります。そして、必要なことを評価し、最後には、必要な情報をアウトプットできるようになります。三毒を追放することが、効果的なアウトプットにつながっていくわけです。

妬まない、怒らない、愚痴らない――この言葉を知った二〇〇一年以来、実は、この言葉をA4の紙に大きくプリントアウトして、会社の自分のブースの壁にずっと貼っていました。その結果、頭がすっきりしたという話はしました。ほかに、何が起こったか？　翌年から、お酒とタバコをやめることができたのです。

実は、ここには因果関係があると思っています。三毒を追放すると、それらの思いをごまかす必要がなくなるので、ニコチンとかアルコールに頼ることをやめることができるのです。

ニコチンやアルコールに頼らなくなると、ますます頭がクリアになって、運動する時間も増える。ポジティブなことを考える時間も増える。読書をする時間も増える。新しいことを試す時間も増える。こうして、さらに、新しく知的な体力が積み上がっていくのです。

したがって、三毒を追放するというのは、それ自身が目的というよりは、三毒の結果によって身体の中に回ってしまうこのネガティブな考え方、正しいことに向かうのを妨げるもの、あるいはそれらを消すために取り入れなければいけない新しいもの（つまり、お酒やタバコ）を解消するための手段として、非常に有効なのではないかと思います。

この本を読んだ方は、ぜひＡ４の紙にでも手帳にでもスクリーン・セーバーにでも書き出して、「三毒追放」をやってみてください。

④ 身体にいいものを中心に生活する

知的体力を鍛えるためにお勧めする最後の習慣は、身体にいいものだけを中心に生活することです。

これは、物理的に身体に悪いものだけでなく、精神的にも身体に悪いものがあったら、それを避ける。つまり、なるべく我慢をしないで、気持ちよく暮らせるように人生設計を組み立てるということです。

これまでお話ししてきた、化学調味料のようなものをなるべく減らし、農薬残留度の少ない食材を使った食生活を心がけることもそうです。洋服を買うときも、なるべく天然素材の着心地のいいものを買うというのもそうです。

また、どうしても気が合わない人との無理したつきあいを避けることもそうです。私たちには、その人のいい悪いとは関係なく、どうしても合わない人というのが、必ず存在します。そういう人とのつきあいでは、たいてい自分を責めることになり、身体が先に悲鳴をあげてしまいがちです。

もちろん、少し合わないからと、右から左に外していって、仙人のように閉じこもって一人で暮らすというのは論外ですけれども、ある一定の基準を設け、どうしても自分が無理をしないとつきあえない人とはつきあわないことにするのも、一つの方策です。そして、いっしょにいて気持ちのいい人、たとえば裏表がないとか、嘘を言わないとか、言ったことを守るとか、誠実であるとか、そういう人たちとの関係を中心に生活するのです。

いずれにせよ、身体や頭に過度の負担をかけるものを、一つでも二つでも多く外していくことです。外していけばいくほど、残ったところの知恵を浄化しやすくなります。そのなかで、新しい考え方を統合し評価し活用していくのです。そのことを繰り返していくわけです。

もちろん、そんなことできやしないとか、あるいは、そうは言っても現実ではむずかしいから、というネガティブな考えが出てくると思います。しかし、そういう考え自体が、これまで、いろいろな毒に犯されてしまった結果だとも考えられませんか？

ともかく、できることを、一つひとつコツコツやっていってください。そうすれば、だんだんと身の回りに気持ちのよいものばかりが集まってくるようになります。

自分が気持ちのいいものに囲まれる生活を目指して、一日、一つ二つずつでいいですから、いろいろなものを組み変えていってみてください。いろいろなものとは、洋服もそうですし、家もそうですし、人間関係もそうですし、食べ物もそうですし、あるいは、仕事の仕方もそうです。

身体が快感である、気持ちがいい、暮らしていてとても幸せである——そのような感覚があればあるほど、頭の回転はよくなります。新しいクリエイティブな思考が生まれやすくなると思います。ぜひ試してみてください。

第9章
七つめの力
偶然力
Serendipity

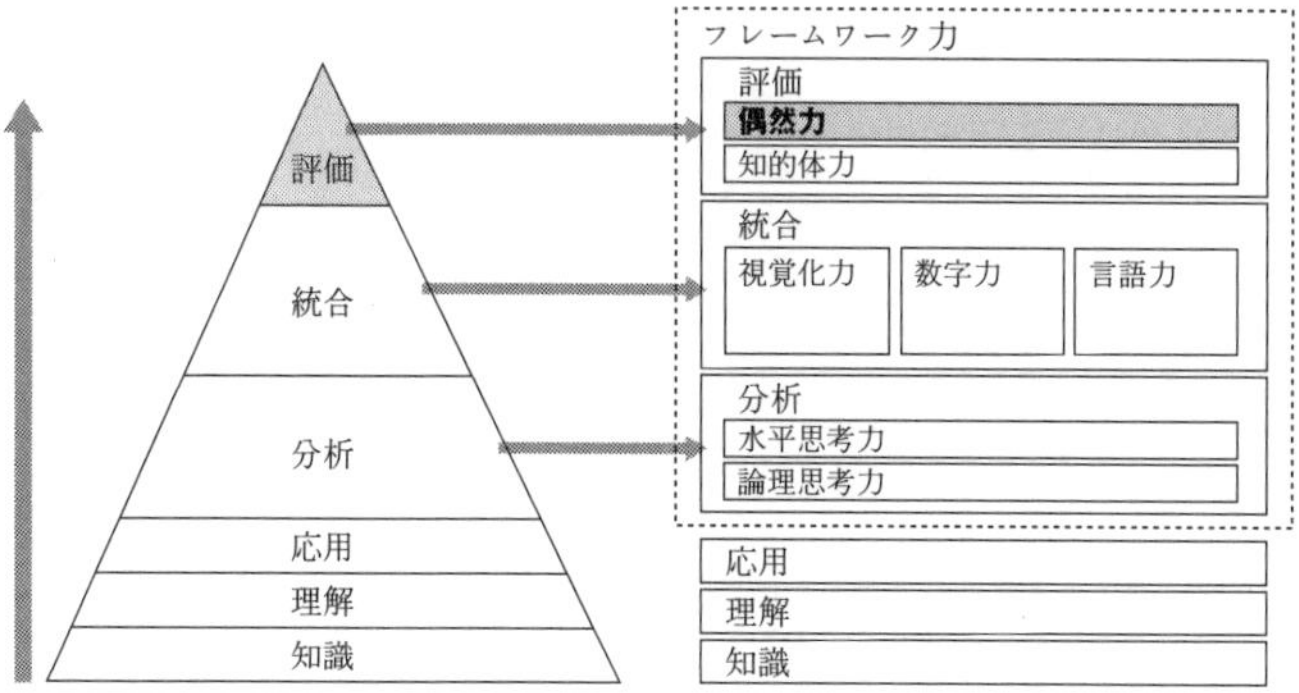

偶然力をわかりやすくいうと

ビジネス思考力に必要な七つの力も、とうとう最後の章になりました。偶然力です。英語にしますと、セレンディピティ (Serendipity)。偶察力ともいいます。

では、偶然力とは何でしょう?

何度か強調してきたように、ビジネスではつねに、限定された情報の中での判断を求められます。この世で入手しうる最善のものがすべて私たちの手に入るわけではありません。

そうすると、逆に、手に入るものの中で、自分に役に立つものは何か、それを使って他に貢献できるものは何かをつねに考えていくことが重要になってきます。偶然出会う予期せぬ出来事も含め、身の回りで起こることや手にした情報を、いかに自分にとってよりよいものにしていくことができるのか、それを考え抜くことが求められるのです。

そして、このことを考え抜く力が、この偶然力です。つまり、

予期せぬ出来事はどうしても起こるのだから、
それを避けるのではなく、起きたことをつねに最大限活用しよう

という考え方です。

自分にとって、すべてが理想的な状態とはならないので、今、手にしている状態の中でベストを尽くそうという考え方なのです。

私は自分でも、とてもツキがいいと思っています。そして、そのツキは、これまで培ってきた偶然力がもたらしてくれたものだと思っています。したがって、この偶然力のフレームワーク、テクニックが身につけば、だれでも同じくらい、ツキがいい人になれると確信しています。

偶然力を生かすための五つの考え方

では、この偶然力を生かすために、何をすればいいのでしょうか？

ここでは、偶然力に役立つ五つの考え方を紹介したいと思います。

一つめは**好奇心**を発揮することです。つねに機会を見つけて、新しいどんなことがここで学べるのか、できるのかと、ワクワクしながら周りを、機会を模索することです。

二つめが**持続性**です。新しいことを始めても、だいたい途中でやめてしまう人が大半です。だから、新しいことが続かないわけです。適当でもいいや、続くものが一つでも残ればいいやというくらいに呑気に構えながら、それでもめげずに続けることが大事です。

三つめが**楽観性**です。私たちは、つい、そんなことできやしない、自分には無理だと思ってしまいがちですが、実際にできている人がいる、あるいは、できる可能性があるのであれば、実現可能なこととして、実現するにはどうしたらいいかを考え抜くべきだと思います。あの人だから特別だ、と思わないことです。

先にも書きましたように、山田真哉さんが『さおだけ屋はなぜ潰れないのか』という会計の本を一六〇万部も売ったということは、私にもできるできないはともかく、マーケットがそれだけあるということです。したがって、それは実現可能な機会ですから、次は、どうやったら自分が、その実現可能な機会をとらえられるかを、つねに考え続けていくことになります。

四つめは**柔軟性**です。ツイている人は意外と、よく言動が変わります。前にはこう言っていたのに、こう言い直したじゃないかとか、言ったことがすぐに変わるなどと言われるかと思いますが、これはある意味、当たり前です。昨日言っていたことに対して、今日新しい材料が手に入ったとしたら、それによって、概念、態度、行動が変わってもしかるべきです。つねにフレキシビリティ、柔軟性を保つということです。

最後の五つめが**リスクテイキング**、すなわちリスクをとって果敢にチャレンジすることです。結果が不確実なものをやらないとしたら、**場合によっては、やらないということ自体が失敗につながります。**リスクをとって新しい行動を起こすことで、その行動から次の行動への勉強ができます。そして、行動の勉強を重ねていけばいくほど、私たちは賢くなります。たとえ失敗しても、次に同じようなリスクをとったときは、成功する確率が上がりますし、逆に何がとるべきリスクで、何がとらざるべきリスクかということを学んでいけます。

したがって、偶発性、偶然性を生かすためには、**迷ったときにはリスクをとる**方向で考えることです。そのように動くと、ものごとがうまく進むようになります。

困難に出会ったときこそチャンス！

このように、偶然に起きた、いろいろなことを生かしていく力、この偶然力が強い人ほど、これまで挙げてきたすべての思考をものにし、新しいことに生かすことができる人になります。

起きたことはすべて正しい。

これは私の座右の銘です。起きたことを中心に組み立てていくわけです。

たとえば、この本を仕上げているのは、二〇〇八年五月の頭、ゴールデンウイークですが、実は一つのトラブルが起きました。ある日、起きたら、左手がうまく動かなくなっていたのです。腕を変に下敷きにして寝てしまったからなのですが、実はそれは単なるきっかけで、徐々に悪くなってきていたのでした。

指を動かすと痛いという状況が三日ほど続き、医師からは、しばらく手を動かさず安静にしているようにと言われました。でも、原稿の締め切りは一週間後です。さて、どうする?

このとき考えたのが、これをいい機会に、それまであまり使っていなかったパソコンの音声入力というものを、もっと追究してみようということでした。

私は比較的キーボード入力が速く、大量の文章を書きます。その結果、人より手首を酷使し、このように手のトラブルが起こりやすくなります。たとえ、今安静にしていたとしても、また酷使をしたらあっという間に手首が痛みます。それを防止するには新しい方法を考えないといけませんが、それを解決するのが音声入力という方法だったのです。

私は、TO DO LIST と NOT TO DO LIST の両方をつくっていて、実は、音声入力ソフトを訓練するということも、以前から TO DO LIST にあがっていたのですが、しばらく手つかずに終わっていて、今回がはじめての本格的なチャレンジとなりました。

そうすると、今までになかった世界観を持つことができました。これまで、キーボード入力のスピードがボトルネックになっていたのですが、音声になると頭に浮かぶ言葉をそのまま文章に乗せていくことができるため、考え方の広がりが大きくなりました。そして、メールの返事や原稿書きなども含め、この次は、どんな書き方をしてみよう、この次はどういう新しいアイデアが音声入力の途中で浮かぶだろうなど、ワクワクと新しい試みが浮かんでくるのです。

このように、新しいことにチャレンジをする力というのは、非常に困ったことに出会ったとき、困難に立ち向かうときにはじめて生じるのではないかと思います。したがって、もしビジネス上で、何か新しいことを試さなければいけない、ノルマをこなさなければいけない、新商品を開発しなければならない、新しいチャネルを開発しなければならない、そのようなプレッシャーがかかったら、そんなときこそチャンスだと考えてみてください。

以下、より具体的なテクニックについて説明していきます。

切り口1　基本となる三つのテクニック（偶然のチャンスを生かす、つながりを見つける、無理に格好をつけない）をしっかり理解する

切り口2　身につけるための四つの実践方法（よいチャンクを集める、つねに観察しつづける、魅力的な人々に会う、つねに周りをポジティブな視点で見る）を続ける

偶然力を身につけるための三つの基本テクニック
偶然のチャンスを生かす、つながりを見つける、格好をつけない

セレンディピティの定義をもう一度振り返る

それではもう一度、あらためて、**セレンディピティ、つまり、偶然の中でチャンスを発見する能力**について、説明したいと思います。

セレンディピティを英和辞書で調べますと、**あてにしていないものを偶然うまく発見する能力**等と説明されています。これはもともと、『セレンディピティと三人の王子様』という童話に即して、イギリスの文筆家であるホレス・ウォルポールという人が一七五四年に使った非常に古い言葉です。

たとえば、あるお店を探していて、結局、そのお店は見つけられなかったけれども、そのそばでもっとよいお店を見つけることができたとか、全然違う目的で行った会で、自分の探していた情報を見つけたとか、ともかく、あてにしていなかったものを偶然手に入れる能力です。

科学の偉大な発見には、このセレンディピティが存在したとされるケースが非常に多く、たとえば、セレンディピティの事例としていちばん有名なのはカオス理論の発見です。一九六一年、気象学者のエドワード・ローレンツは、ほんのわずかな初期条件の違いが、とてもつもなく大きく違った結果を生み出すという現象を偶然、発見しました。

ローレンツはあるとき、気象データの入力に際して、時間を節約するために、プリントアウトするほうとしないほうの設定条件を、0.506と0.506127と、ほんのちょっと小数点以下の桁数を変えておいた、すると、その後の計算結果で驚くほど違う結果が現れた、というのです。すなわち、ほんの少しの違いがその後増幅されて、大きく結果が変わる、だからこそ、経済や為替、そして将来のことは予測できない――この理論が偶然、発見されました。

ほかにも、たとえばフレミングがペニシリンを発見したのは、偶然、鼻水の分泌物に涙を落としたことがきっかけとなって、青カビの殺菌効果に気づいたからだといわれます。

考えてみれば、私がこのように、いろいろな本を書く機会に恵まれているのも、ほんとうにセレンディピティの産物だと思います。『勝間和代のインディペンデントな生き方実践ガイド』(ディスカヴァー)の元本である、最初に書いた『インディでいこう!』もたまたまディスカヴァーの干場社長が私のブログを見て声をかけてくれたものですし、その中の「学び続ける力」というのがおもしろいからということで、そのまま『無理なく続けられる年収10倍アップ勉強法』（ディスカヴァー）につながりました。また、人の勧めで書いた『お金は銀行に預けるな』（光文社）が思いもかけないヒットになったりと、すべて、人との出会い、偶然の出会いの中から生まれたチャンスであり、テクニックの結果だと考えています。

では、いよいよ、このセレンディピティをどうやって身につけるかについての三つの基本テクニックと四つの実践方法について説明していきましょう。

①偶然のチャンスを生かす
②与えられた情報の中からつながりを見つける
③無理に格好をつけない

①偶然のチャンスを生かす

三つの基本テクニックの最初は、偶然のチャンスを生かすことです。

偶然のチャンスというのはありとあらゆるところにあります。たとえば、毎日、朝起きて、食事をして、着替えをして、駅へ行って、通勤して、仕事をしてまた帰る。この繰り返しのなかにあります。

たとえば、駅に行く途中の道で隣の家の犬を見たときに何かに気づくかもしれませんし、新しい木々の生い茂り方や新しい店を発見することによって、何かが、考えていたアイデアと結びつくかもしれません。

いずれにせよ、すべてのものが偶然、発生しています。そして、このセレンディピティの素晴らしい点は、意識的に考えるときの情報の入手先の範囲とはまったく違うところから、新しい情報を得、それによって、思いもかけないものが生まれる、ということです。

私がコンサルタントの仕事を始めたころに、先輩からよく言われたのが、最初の一、二年は、仕事を選ばないほうがいいということでした。プロジェクトはアサインメント制ですので、いろいろなプロジェクトにアサインされるのですが、自分で選ぼうとすると、どうしても得意なプロジェクト、得意な分野に偏ってしまいがちです。

ところが、自分ではまったく不得意、あるいは全然関係ない分野だと思っていたところにアサインされると、自分が得意分野だ、または不得意だと勝手に思っていたところとのつながりを見つけて、そこで新しい能力を発見し、新しい知識を得たりすることになるのです。

偶然のチャンスをいかに生かすか、です。そのためには、ふだんからチャンスが出てきたら、躊躇せず、いつでもすっとつかまえられる準備をしていることが必要です。

チャンスというのは、ある意味、無数にあります。
その無数のチャンスのなかで、それに気づける人と気づけない人がいるだけです。

では、いかにチャンスに気づくか？

興味があることにアンテナを張ることは大事ですが、単にアンテナを張っておくだけではチャンスへの気づきは不十分です。ここまで挙げてきた論理思考力、水平思考力、言語力や数字力、そして視覚化力、知的体力、このすべての力をどれだけ身につけていくかです。それがあってはじめて、偶然の出会いのきっかけを生かし、それをチャンスに変えることができます。

残念ながら、アンテナも張っていなければ、知識もない、問題意識もないところに、偶然のチャンスが来たとしても、まったく役に立ちません。なぜなら、チャンスが来る頻度が小さいうえに、来ても気づかない、生かせないからです。つまり、

偶然のチャンスというのは、十分に準備をしたなかではじめて出てきて、

そこで偶然に、「ああこういうことなのか」と、答えが向こうからやってくる

そんなイメージです。

たとえば、何か材料を得たときに、「ああ、このことってひょっとして、あのこととつながるんじゃないかな。あのことと話が一致するのではないか。今考えているものに対して、このことができるのではないか」と思う、そんな感じです。大事なのは、つなげていけることです。

私たちが、日常生活のなかで得られる情報や経験、思考の材料、手がかりというのは、どうしても限られていて、その限られたものの組み合わせで新しいものを考えるわけです。このとき、材料となるものは、意識的に自分が集めているものだけでなく、偶然会った人から聞いたちょっとした話や偶然手に取ったもののなかに見つかる、ということがよくあるのです。

ですので、極端な話、アイデアを考えるときは、まず、手元に広辞苑のような大型の辞書を置く。そして、なんとなくアイデアに詰まったなと思ったら、パサッとそれを開くということをお勧めします。そして、開いたページにあった文字を、そのとき考えている課題と、なんとかつなげられないかと考えるわけです。

たとえば、新しい本のアイデアにすごく困っていたとき、パッと開けたところに、食事療法のようなことが出てきたとします。もちろん、私は食事療法の本を書くわけではありませんが、それでも、自分の考えているものが食事療法とどのようにつながるかなということを考えるわけです。

次に開けたときには、まったく興味がなかったような国の名前、たとえばカザフスタンのような国が入っていたとしましょう。そうすると今度は、カザフスタンと新しいアイデアのつながりを考えなければならない。それがほんとうにストレートに使えることはないでしょうが、重要なのは、頭のシナプスが別の分野に向かって伸びるというプロセスです。

常日ごろから、鵜の目鷹の目で、偶然力のきっかけを探しつづけ、気を張っている必要はありませんが、何か新しい情報が得られた、新しい人と知り合えた、新しいものが目に入った、新しい音が聞こえた、新しい感覚が得られた――何か新しいことが起きたときに、あるいは何か新しいものが目に入ったときに、

これって、今、考えていることと何かつながらないかな、
これって、こういうことにつなげられるのではないかな、と考える。

そうやって、つねに偶然出会うチャンスを見つける流れを組んでしまうことが、偶然力を身につける効果的な方法なのです。

② 与えられた情報の中からつながりを見つける

とにかく、新しいものを見たら、つねに今考えていることとのつながりを考えることです。

しかし、それが比較的得意な人もいれば、そうでない人もいます。その違いはどこにあるのか？　そして、与えられた情報に、つながりを見つけるにはどうしたらいいのでしょうか？　考えていることのつながり、要するに、ひらめきというのは、どこからくるのでしょうか？

実は、ひらめきというのは、おもに長期記憶に対する短期記憶や外部からの刺激によって起こると考えられています。

私たちの脳の記憶の仕組みは、簡単にいうと、短期記憶と長期記憶に分かれ、それぞれ収納場所も違います。短期記憶のほうは、いわば一時的なメモリーのようなもので、容量もたいしたことがありません。一時的にそこに収納された情報のうち、よく使うもの、定着したものだけが、長期記憶になります。

長期記憶というのは、いわば巨大な容量のハードディスクで、どんどんどんどんたまっていきます。そして、何か新しい情報が入ってきたときに、頭の中でぱっと、ああ、これって、あの長期記憶につながるのではないか。この長期記憶のこの概念と一致するのではないかということが思い浮かぶわけです。

たとえば私の経験でいいますと、環境問題と、働き過ぎの問題、さらに食生活の問題、この三つが、あるとき突然つながった瞬間がありました。詳しいことはまた別の機会にお話しするとして、結局、いろんなセレンディピティ、つまり、文献との出会い、人との出会い、情報との出会いの中で、いろいろなことが裏側でつながっているということにだんだん気づいてきています。

その大きな体系の中で、自分としての価値観をどこにおいて、どのようにそれを評価するのか、新しく自分がしたいことは何であって、それに対してどのような影響を及ぼすために活動するのかという大きなミッション・ステートメント、あるいは人生の鍵のようなものが頭の中にできあがります。

それにしたがって、自分の情報を整理し、自分の役割を整理していくと、今日、明日、明後日と、自分のやることが、その大きなつながりの中のどこに位置するのかということが考えられるようになります。そして、その後、また新しい情報が手に入ったときには、その新しい情報を位置づけていけるのです。

マインドマップとセレンディピティ

視覚化力のところで、マインドマップという手法を紹介しました。マインドマップでは、テーマがあって、サブテーマがあって、そのサブテーマにまた次のサブがあってと、木々が枝分かれするように、大きく地図が展開していきます。

実は、私たちの頭の中にも、たくさんのマインドマップがあります。そして、なんらかの外的刺激、すなわちセレンディピティによって、一つのマインドマップと別のマインドマップが、すっとつながり、新しい解法につながります。これがセレンディピティの役割です。

③ 失敗、批判を素直に吸収して、無理に格好をつけない

セレンディピティを高める三つめのテクニックは、失敗や批判を素直にチャンスとして吸収して、次の改善にチャンスをつなげるということです。

思ったとおりにことが運んでも運ばなくても、自分がそれまで見ていたのとは、まったく違う角度からの批判がくることがよくあります。そういうとき、自分が正しくて周りが間違って

いるなどと格好をつけずに、今の自分に足りない情報は何で、それはどこにありそうか、ということを見抜く力をつけるチャンスとすべきです。

なんであれ、新しいことをやれば、必ず、批判はきます。めげずに続けていくことが大切ですが、批判の中でも、吸収する価値のあるものは吸収して、次につなげていくことも必要です。これらもある意味、セレンディピティなのです。特に、うまくいっているときのセレンディピティではなくて、うまくいってないときこそ、セレンディピティを生かしていくことができるように思います。

たとえば、拙書『お金は銀行に預けるな』（光文社）の中では、インデックス投信を勧めていますが、変動率や具体的な上げ幅下げ幅などについては、ページ数の制約もあり、あっさりとしか触れませんでした。

すると、当然もう少し詳しく学説的に説明すべきではないかとか、ＥＴＦに対しての比較が足りないのではないか、あるいは、分散投資を深めるなかで、このような分解のしかたがあるのではないか、あるいは、バランス型投資にもっと触れるべきではないか等々、実にさまざまな意見が出てくるわけです。

これらの意見により、ああ、次はこのあたりをもう少し深めればよいのだなとか、こういったところをもっと追究して勉強すべきだなとか、あるいは新しい金融商品として、このあたりに今ニーズが生じているのだな等々、いくつもの新しい考え方がどんどん浮かんできました。

私が本で勧めたアイデアどおりに、手放しで「はい、素晴らしい」と言われても、私にとってはセレンディピティにはならないわけです。それよりは、もっと新しい見方があるのではないかという新しい声、新しい情報に触れていくことで、また、新しい知識・アイデア・展開が生まれますし、その新しい情報を受けて、次の行動に進むことができます。

偶然の素晴らしさ

この偶然の理論というのは、いわば、経験のなかで新しいことを生み出していき、するとそこに新しい出会いがあり、その新しい出会いのなかで次の新しいことを生み出していく、そのことの繰り返しです。考え方というのは、そのようにして進化していくのだと思っています。

ITの世界では、目的達成のためにあまりにも余裕がない仕組みを「トンネルソリューション」と呼びます。ITの運用がむずかしく、陳腐化しやすいのは、人間と違って一度システムを組んでしまうと、なかなか改善ができなくなるからです。

同じように、問題解決のため、目的意識をもってあまりにも一方通行で走ってしまうと、その方向が間違っている可能性もありますし、間違わないにしてもうまくいかないこと、壁に突き当たってしまったときに、立ち往生してしまうことがあります。

ところが、ふだんからセレンディピティを意識していると、ものごとを達成するプロセスにおいても、わざと横道にそれてみたり、あるいは全然違った道でも、そこの道と自分の道とにつながりがあるのではないかとしっかり考え抜いたり、あるいは、ひょっとしたらこちらからも行けるのではないかと抜け道を探したりするクセがつきます。

つねに、偶然というのは素晴らしいものです。偶然は、自然が私たちの人生に与えてくれているチャンスです。一つひとつのサインを見逃すことなく、どうしたら、新しいことにつなげていけるかを考えていくこと。仮に自分にとって不都合なことや不幸なことが起きたとしても、それを逆に幸運の力として活用し、より高いステップに上がっていくこと。これが、さまざまな知識を統合したときの最後の力だと思います。

人とコミュニケーションをし、理解をし、論理的、あるいは水平的展開をし、それを言葉や図形や数字で表現し、情報をコントロールし、説明をし、さらにそのうえで、それをふだんの日常生活の中で、身体的にも高めるような感覚としてつかみ、研ぎ澄ましていくことです。

五感がしっかりしているからこそ、偶発力、偶然力、セレンディピティをつかむことができるのだと思います。

Chabo!（チャボ）を生んだたくさんの偶然

今、この本も含めて、私はChabo!（チャボ、チャリティブック・プログラムの略）という新しいプロジェクトに着手しています。これは、二〇〇八年五月現在、小宮一慶さん、和田裕美さん、竹川美奈子さん、酒井穣さん、山口一男さん、久恒啓一さん、そして私が参加しており、私たち著者の印税の二十％をＮＧＯであるＪＥＮに寄付して、それを世界中の戦災国・被災国の難民に対する教育・自立支援につなげていくというアイデアです。

Chabo!は私の発案ですが、アイデアを私が形として結実するまでには、十個くらいのセレンディピティがありました。

まず、もともとのアイデアは、最初に『インディでいこう！』（ディスカヴァー）を出したときです。当時、証券アナリストだった私は、上司から、アナリストとして身が入らなくなると困るので、印税は慈善団体に寄付をしなさいと言われました。そのときは反発すら感じたのですが、でも、そんな考え方もあるのだなと、しっかり頭の中に書き留めておきました。

二つめのセレンディピティは、今度いっしょに、このChabo!のプログラムを立ち上げた、実際に支援にあたるＪＥＮの事務局長、木山啓子さんとの出会いです。たまたま、エイボン女性大賞などのいろいろな女性の団体の集まりでお会いする機会が何度もあり、定期的に資料やメールをいただくようになりました。正直、当初は大きな興味があったわけではないのですが、斜め読みに近い形ながら、ＪＥＮの活動はもう何年もずっと目に入っていました。

三つめのセレンディピティとして、仲のよい友人が、日雇い労働者の方やホームレスの方たちの支援活動をずっと行っていたということがあります。求職活動とか医療支援など、休日の時間を見つけながらずっと行っているのです。私が参加することはありませんでしたが、長年つきあうなかで、その活動を横目でずっと見ていたわけです。

ここで三つの話が出てきました。上司との寄付の話、JENとのつながり、友人のボランティア活動の話、この三つをつなげたとき、あらためて、では自分は何ができるだろうとふと考えました。そして、一つの流れにつながったのが、このChabo!チャリティブック・プログラムだったのです。

ただ、チャリティブック・プログラム、Chabo!と、今はすごく格好いい名称になっていますが、私が考えたのはブックハッピー。これを木山さんに相談したところ、博報堂の専門家チームにお願いして、全部無料でコンサルテーションしてくださり、ネーミングからロゴのデザインまで、博報堂の社会貢献としてプロの力を提供してくださいました。

これもセレンディピティがなせる技で、木山さんと博報堂のチームの方々がつながっていなければ、Chabo!という名称は浮かばなかったと思います。

Chabo!
CHARITY BOOK PROGRAM
この本の売り上げの一部は
世界中の難民・被災民の
自立支援に使われます。
www.jen-npo.org/chabo

このように、すべての形において、偶然のチャンスが三つも四つも積み重なるとはじめて、一つの必然になるわけです。となると、大事なのは、この**必然的なチャンスに結びつけるための偶然のチャンスをいかに見逃さないか、ということです。それが、偶然力**ではないかと思います。

もう一度、まとめます。

偶然力とは、偶然のチャンスを見逃さず、新しいことへとつなげていく力です。

偶然力を身につけるための四つの実践方法

よいチャンク、観察、魅力的な人、ポジティブな視点

復習しますと、偶然力とは、偶然のチャンスを見逃さず、新しいことへとつなげていく力です。では、どうしたら、それを身につけることができるのか？　偶然力を身につけるための四つの実践方法について、順番に説明していきます。

①よいチャンクを集める
②つねに観察しつづける
③なるべく魅力的な人々に会う
④つねに周りをポジティブな視点で見る

①よいチャンクを集める

偶然力を身につける実践方法の一つめは、つねによいチャンクを集めていることです。

このチャンクという言葉がちょっとわかりにくいかもしれませんが、知識とか概念、あるいはそのもう一段上位の材料の塊だと思ってくれるといいかもしれません。おもしろそうなアイデア、話、知識、フレームワーク、そういうものを、つねにたくさん集めつづけるわけです。

なぜ、これを集めるのがよいかといいますと、セレンディピティ、あるいは偶然性といっても、私たちは、ほんとうに自分の興味や知識とまったく関係のないものには気づけないからです。でも、興味の範囲の隣のことであるとか、隣の隣のことであるとか、ちょっと違うものについてなら、気づきは早くなります。

したがって、偶然のチャンスを生かすには、つぶつぶのアイデアだったり、知識だったり、出会いだったり、ともかく、さまざまなチャンクを、心の中、頭の中、あるいは、身体の中にしっかり蓄えておくことが必要です。

そして、それらを、**セレンディピティの磁石にする**わけです。

磁石の数が多ければ多いほどよいものが身について、雪だるま式に膨らんでいきます。

よりよい知識、よりよいアイデア、よりよい概念、よりよい話し方、よりよい心の持ち方、よりよい力――いずれにせよ、セレンディピティのためになりそうなものを、つねに自分の中に蓄えておきましょう。

それらによって、自分自身がよりよいものになって、きれいになって、興味の幅も広がっていって、頭もすっきりしていると、さまざまな新しいものがきたときに、それがチャンスだということに気づきやすくなります。

②つねに観察しつづける

次の実践方法は、つねに周囲を、できごとを、観察しつづけるということです。

自分メディアという表現を私は使ってきましたが、自分自身が、どれだけ周りを観察でき、新しい気づきのネタを得られるかが大事です。

よく、いろいろな場所に行くとよい、いろいろな新しいことを試すとよいというのは、同じものをずっと見たり、同じ場所にずっと行ったりしていると、人間、飽きてしまうからです。飽きてくると、その刺激に対する感覚が鈍ってきて、その分、楽にこなせるようになるのですが、そうすると観察力が鈍り、セレンディピティの力もなくなり、新しいことをする、チャレンジする力がなくなっていきます。

そうではなく、つねに、新しいことはないか、わくわくすることはないか、ドキドキすることはないかという期待に心を躍らせながら、周りを見つづける、観察しつづけるわけです。人と会ったときにも、新しい場所に行ったときにも、新しい本を読んだときにも、新しいものを食べたときにも、新しいものを手に入れたときにも、隅々まで観察するわけです。

たとえば、何か機械を手に入れたときには、その機械のデザイン、色はどうなっているのか、ロゴはどうなっているのか、箱には何が入っていて、説明書にはどういうことが書かれているのか、新しいものを手に入れるにはどうしたらよいのか、隅々まで観察し、情報を得ます。すると、実は、思いもかけないような機能が入っていて、それがとても有用であったりします。あるいは、そこに入っていた説明書きの一文が、まったく異なるビジネスモデルでありながら、今かかえていた仕事に使えるものであったりします。

こうしたことが偶然起こるのです。そこに、よい出会いが生じます。

とにかく観察することです。私は、**つねに答えは身の回りにある**と思っています。大事なのは、その答えに気づけるかどうかです。だから、いつも何かに気づけるようになるまで、いろいろなものを観察しつづけるわけです。

ただ、観察をするときにも、無理にギョロギョロ見るというよりは、フワーッと力を抜きながら、体操をしたあとのようなリラックスした気分で見ることが大事だと思います。

③ 魅力的な人々に会う

セレンディピティを生かす三つめの方法は、魅力的な人に会いつづけることです。

魅力的な人に会う方法には、友だちの紹介で会う、セミナーに行く、あるいはどうしても会えないけれども、その人の本を通して出会うということもあります。

いずれにせよ、セレンディピティのきっかけとなり、コンテンツをたくさん持っているのは、人間です。チャンスをたくさん持っているのは人間です。人と話をしているなかで、ああこんなところに気づきがあったのか、こういう話があったのかと、スーッと結びついていくものです。

先ほどのChabo!の話も、三人の方（上司、JENの木山さん、慈善活動をしている友人）との偶然の出会いというのがきっかけになっていますが、当初は、まさかそれぞれの人がつながるとは思わず、個別に会っていたわけです。大事なことは、組み合わせることで、結果的に新しいアイデアに結びつくということです。

どうして能力を積んでいかなければならないのか、どうして魅力的にならなければいけないのかという質問をよく受けますが、答えは簡単で、自分が魅力的になればなるほど、他の魅力的な人たちとの出会いの機会が増すからです。

私がブログを書くことや本を書くことを推奨しているのは、そうやって、自分をある意味、さらけ出すことによって、それに共感する人たちが向こうから寄ってきてくれるからです。共感する人といっても、必ずしも感覚が自分と百パーセントいっしょというわけではありません。わりと近いところにいて、自分が知らないことを知っていたり、スキルを持っていたりするのです。

だからこそ、そういう人たちとおつきあいをするなかで、セレンディピティという形で、新しい世界が広がり、ああこんなところに答えがあったのだというような解答を得られるようになるのです。

たとえば、私がブログ上で知り合った方に、将棋の棋士の方がいます。その方と話をしていて、羽生名人、あるいは他の棋士の方たちが、なぜ一流たり得ているのかということについて、本で得られるのとはまた違う知識をいただきました。それによってあらためて、努力について、訓練の仕組みについて、新しい知見を得ることができました。

魅力的な人に会うことではじめて、偶然、いろいろなものが手に入るようになります。そして、その偶然がまた次の必然を生む、というよい循環を生むのです。

④ つねに周りをポジティブな視点で見る

偶然力も最後になりました。四つの実践方法の最後は、周りをつねにポジティブな視点で見るということです。

無理にオーバーポジティブに、事実を曲げて見る必要はありませんが、積極的かつ前向きにものごとをとらえることで、何か起こったとき、新しいアイデアが出たとき、新しい考え方が浮かんだとき、新しい出会いがあったとき、つねにそれが自分にとってよいものをもたらすのではないかという仮説のもとに考えていくことができます。

たとえば、新しい人と出会ったとしても、この人はひょっとしたら自分を利用しようとして近づいているのではないかなどと疑っていてはきりがないですし、新しい商品と出合ったときも、ひょっとしたら自分は騙されてお金を払っているのじゃないかなどと懐疑的になっていたら、いつまでたっても新しいものを使いこなせません。

情報についてもそうです。ひょっとしたらこれはトンデモ科学で、中身はまったくの嘘じゃないかと懐疑的に見ていては、なかなか前に進めなくなります。

もちろん、つねに検証は必要です。近づいてきた相手がほんとうにこちらのためを思っているのか、利己的な利益のためなのかは考える必要がありますし、新しい理論についても、ほんとうに正しいものなのか、あるいは、まったくのでたらめの、いわゆるトンデモ理論なのかということを考える必要があります。

しかし、あとでトンデモだとわかったとしても、

それまではとりあえず、試してみる、まずは信じてみる、まずは考えてみる。いったんは、あるがままにその状況を受け入れて、それを偶発力として生かしていくのです。そのうえで、何か不都合が起きたり、話がおかしくなったりしたら、そのとき、ポジティブさを解除するのです。

囚人のジレンマに学ぶ

この考え方は、実は、「囚人のジレンマ」というゲーム理論に即したものです。

囚人のジレンマというのは、次のような設定です。二人の囚人が捕まったとき、ともに自白

をする、ともに黙っている、片方が自白して片方が黙っているという、いくつかの組み合わせがあり、それぞれに刑期が異なってきます。ともに黙っていれば、二人とも懲役がいちばん短くなりますが、片方が自白をしてしまって自分が黙っていると、自分の懲役だけが長くなり、両方とも自白をすると、両方とも黙っている場合と、片方だけが話してしまった場合のちょうど中間の懲役年数になります。

そうすると、相手を信頼したときにいちばんよいのは、自分が黙っていることなのですが、万一相手が話してしまったとき、とてつもなく長い懲役になってしまいます。したがって、自分のリスクを最小限にするためには、話してしまったほうがよいということになりますが、ただ、ひょっとして相手が黙っていた場合は、相手を裏切ることになってしまいます。また、両方が話しても刑期が長くなります。

この自白か黙秘かの選択を、繰り返し行っていくとどうなるか、これを「繰り返し囚人のジレンマのゲーム」といい、どのような戦略が有効かをシミュレーションするプログラムのコンテストがよく行われています。すると、何回やっても、いちばん優秀なのは、何行もある複雑なプログラムではなく、四行ぐらいでつくることのできる、**「信頼から始め、しっぺ返しで終わるプログラム」というシンプルなものになる**になるといいます。

これは、まず、いったんは相手を信頼して、自白をしないというコミュニケーションをとる。

次に、相手がもし、ここで同じように自分を信頼して自白をしなければ、このまま次も自白をしない、信頼をするというポジションをとるが、逆に相手が自白をしてしまって信頼を裏切った場合はこちらも裏切る。ただ、その次にまた相手がすぐさま裏切りをやめて信頼をするというポジションに戻したときには、すぐにこちらも信頼のポジションに戻す、といったように、相手の行動をそのまま踏襲するものです。

つまり、基本的には、**信頼してくれた相手には信頼で返す。相手の戦略がわからないときには、信頼から始める**といった戦略がいちばん優秀だという結果が出てきたのです。

信頼から始める

これは、私たちの生活に対して非常に示唆深いものだと思います。

まず、この**「信頼から始めるしっぺ返し戦略」**というのは、セレンディピティを追求する際にも役に立ちます。私たちも、まずは信頼から始め、相手が裏切らない限りは信頼していくのです。ただし、相手が裏切ったら、こちらも信頼をやめます。しかし、相手が裏切りをやめたら、すぐに許してまた信頼するのです。

でも、ここで、もう一つ考えさせられるのは、コミュニケーションの価値です。

もし、この二人の囚人が電話で連絡がとれるとしたら、お互いに喋るのはやめましょう、自白はやめましょうということで、信頼でもって、WIN-WINの状況をつくることは比較的簡単です。日常生活でも、四人のジレンマのゲームに近い状況に陥ることは結構あると思いますが、私たちは幸いにして、いろいろな連絡手段を持っていて、相手とコミュニケーションをとることができます。

したがって、相手を信頼して、**つねにポジティブな目で、新しい出会いを求めていく、そして相手が裏切らない限り、自分も相手を信頼しつづけるというのが、偶然性の中から幸運をつかむカギになります。**そして、新しいビジネス、新しいビジネスの思考、新しいアイデアを生むときのカギになるのです。

最後に

ここまでで、本書を締めくくりたいと思います。ビジネス頭、ビジネス思考法など、本書では、「ビジネス」という言葉を使っていますが、基本的には、日常生活に役立つもの、他の人より一歩先に踏み出すために必要なものの考え方として示したつもりです。

偶然力の章で触れた将棋の棋士の方と話していたとき、長年、疑問に思ったことをぶつけてみたことがあります。その疑問とは、たとえば加藤一二三さんや羽生善治さんのように、かつて天才名人といわれていた人たちが年をとっていくと、たしかに、名人のままありつづけるものの、昔ほどすごく抜きん出た名人ではいられないのはなぜですか、ということです。

そうすると、答えは非常におもしろいものでした。いちばん大きな理由というのは、やはり周りがその名人の実力に追いつくからなのだそうです。どんな天才でも、どんな名人でも、努力をしつづけないと、相手に追いつかれてしまうということです。

したがって、逆に考えると、相手に追いつかれる前に、自分がもっともっと精進する、もっともっと新しいことを追究するというのが、実はいちばんむずかしいようで、いちばん簡単で楽に生きられる道ではないかと思います。なぜなら、すでに優位に立っているのですから、そこから先に進みつづけることはさほどむずかしくはないのです。

もっとも、このとき後進に追いまくられるように新しいことを追究するのではまったくおもしろくありませんが、ここで説明してきましたように、新しいことを知って新しい考え方がわかる、今まで見えなかったことが見えてくるということなら、とてもわくわく楽しい瞬間です。

この、わくわくしながら新しいこと、新しい見方、新しい学びを続けるということが、結局はビジネス思考力のエッセンスです。先人の優れたフレームワークを学びつづけるなかで、自分自身の新しいフレームワークを発見し、そこにセレンディピティが生まれて、周囲の人たちと幸せを分かちあう新しい関係性がつくられる、そして、それがまた新しい喜びにつながる――そんな好循環をつくることが、ビジネス思考力の役割ではないかと思っています。

ぜひ、一人でも多くの方がこの思考力を活用することによって、新しい世界を見つけることを願っています。私自身もまだまだ未熟ですし、新しく身につけなければいけないことがもっともっとあると思っていますので、今後、五年後十年後に、よりよいビジネス思考力の本が書けるように、みなさまといっしょに学びつづけていきたいと思っています。

ここまでのご愛読ありがとうございました。またぜひブログやセミナーでお会いしましょう。

謝辞

この本をつくるにあたり、以下の方々にたいへんお世話になりました。

『無理なく続けられる年収10倍アップ勉強法』をはじめ、私の本の編集企画立案をいただいて、Chabo!をはじめとしたいろいろな活動についてもさまざまなご支援をいただいている、ディスカヴァー・トゥエンティワンの社長干場弓子さん、この本の編集も、すべてお世話になりっぱなしでした。ほんとうはもっともっと恩返しがしたいのに、どんどん干場さんへの恩がたまる一方で、たいへん心苦しいのですが、必ず、ご恩に報いられるよう、一つひとつ、これからも精進を続け、いっしょに成功体験を積み重ねていければと思っております。これからもよろしくお願いいいたします。

同じくディスカヴァーで、今回、進行や校正、制作を担当してくれた三谷祐一さんをはじめとする編集部のみなさま、そして、日ごろからいろいろお世話になっております社長室のみなさま、営業のみなさま、ありがとうございます。このの ち、書店さまとのお話であるとか、あるいは営業展開、マーケティング手法、いろいろなことで、まだまだみなさまといっしょに学ばせていただきたいと思っております。

また、この本のアイデアをいろいろと提供していただき、かつ新しい考え方として、セレンディピティや言語力、そして視覚化力といったものを結びつけるのに、とても役に立つ情報をいただけた多くの本の著者の方々、フォトリーディングやジーニアス・コードを日本に紹介していただいた神田昌典さん、ふだんのブログなどのやりとりのなかで、新しい気づきをくださっている小飼弾さん、手の痛い私の代わりに21の図表を書き起こしてくれた同僚の瀧本哲史さん、社会貢献の重要性を教えてくれたJENの木山啓子さん、親友の岩永摩美さん、そのほか、ビジネス上、おつきあいのある多くの方々、みなさまに厚くお礼を申し上げたいと思います。この本のアイデアというのは、まさしくみなさまとのかかわりのなかで生まれてきたものです。一人では決して想像できなかったものばかりです。

最後に、いつもお仕事がんばってねと声をかけてくれる私の三人の娘たち。いつもいつも、学校への提出物が遅れてしまったり、あるいは家にいなかったりとさびしい思いをさせてしまっているのですが、それでもいつも応援してくれて、仕事が終わると、いっしょに喜んでくれる娘たちの笑顔を見ることが私の糧となり、生きる力となっています。これからもいっしょに楽しく過ごしていきましょう。

この本はたくさんの方たちの協力と時間をかけてできあがった本です。この本への私たちの、そして読者のみなさんの時間の投資が、一つでも多く、みなさんの成果につながることを願っております。

なお、この本の売上の一部は、世界中の難民・被災民の自立支援プログラム「Chabo!」に使われます。具体的には、著者印税の二十%が特定非営利活動法人JENに支払われ、アフガニスタンの学校建設、スーダンの衛生教育、スリランカの漁船製造などにあてられます。このような活動を通じて、私たち著者も、読者のみなさんといっしょに、自立の重要性や社会支援、そして社会責任の遂行方法を学んでいきたいと思います。詳しくはChabo!のサイトをご覧ください(http://www.jen-npo.org/chabo/)。

この本の感想について、折り込みのはがきやメール、ブログなどで積極的に寄せていただけますと、それが私たちの次のセレンディピティとなると思います。

勝間和代

二〇〇八年五月

勝間和代の
ビジネス頭を創る7つのフレームワーク力
ビジネス思考法の基本と実践

発行日　2008年6月15日　第1刷

Author　勝間和代
Book Designer　石間　淳
Illustrator　有限会社ムーブ（本文図版）

Publication　株式会社ディスカヴァー・トゥエンティワン
〒102-0075　東京都千代田区三番町8-1
TEL　03-3237-8321（代表）
FAX　03-3237-8323
http://www.d21.co.jp

Publisher　干場弓子
Editor　干場弓子＋三谷祐一

Promotion Group
Staff　小田孝文　中澤泰宏　片平美恵子　井筒浩　千葉潤子　早川悦代
飯田智樹　佐藤昌幸　横山勇　鈴木隆弘　山中麻吏　空閑なつか
吉井千晴　山本祥子　猪狩七恵　山口菜摘美
Assistant Staff　俵敬子　町田加奈子　丸山香織　小林里美　冨田久美子　井澤徳子
大薗奈穂子　古後利佳　藤井多穂子　片瀬真由美　藤井かおり　三上尚美
福岡理恵　長谷川希

Operation Group
Staff　吉澤道子　小嶋正美　小関勝則
Assistant Staff　竹内恵子　畑山祐子　熊谷芳美　清水有基栄　鈴木一美
田中由仁子　榛葉菜美

Creative Group
Staff　藤田浩芳　千葉正幸　原典宏　橋詰悠子　石橋和佳　大山聡子　田中亜紀
谷口奈緒美　大竹朝子

Proofreader　株式会社文字工房燦光

Printing　中央精版印刷株式会社（本文）・中央印刷株式会社（カバー）

ISBN978-4-88759-639-9

お薦め書籍・アイテム・URL 50

★★★＝特にお薦め　★★＝理解を助けます　★＝その分野に詳しくなれます
著者／出版社／発行年月／価格／ページ数

第1章のお薦めの参考文献

『地頭力を鍛える—問題解決に活かす「フェルミ推定」』 ★★
細谷功著／東洋経済新報社／2007年12月／1,680円／230ページ
▶「フェルミ推定」という言葉を使いながら、限られた情報や数字を組み合わせて、いかに知らないことを想像するかというテクニックを、非常にわかりやすく解説しています。

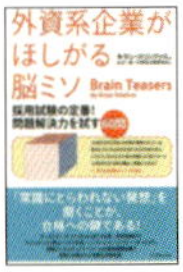

『外資系企業がほしがる脳ミソ—採用試験の定番! 問題解決力を試す60問』 ★
キラン・スリニヴァス著、辻谷一美・外資系企業研究会訳／ダイヤモンド社／2007年9月／1,500円／156ページ
▶題名は派手ですが、中身は非常にシンプルで、わからないものをどのように組み合わせてわかる情報に仕上げるのかというロジカルな問題がたくさん載っています。問題集として活用してください。

『ロジカル・シンキング—論理的な思考と構成のスキル』 ★★
照屋華子・岡田恵子著／東洋経済新報社／2001年5月／2,310円／227ページ
▶ロジカルな考え方をするときの一番基本となる本です。MECE、ピラミッド・ストラクチャーといった基本的なアイデアについて丁寧に書かれています。

『トヨタ生産方式—脱規模の経営をめざして』 ★★
大野耐一著／ダイヤモンド社／1978年5月／1,470円／232ページ
▶トヨタ生産方式をつくった大野耐一さんが丁寧に著した本。人間はいかに間違いやすいもので、どのようにすれば間違いを防げるのか、あるいは昨日より今日、今日より明日と生産性が上がるようにするためには、細かい仕組みをどのようにつくっていくのか、その仕組みをどのように定着させて新しい改善に向かうのか、またかんばん方式とはどういう発想なのかが、事細かにわかります。

『まぐれ—投資家はなぜ、運を実力と勘違いするのか』 ★★★
ナシーム・ニコラス・タレブ著／ダイヤモンド社／2008年1月／2,100円／387ページ
▶この本は「Fooled by Randomness」が原題ですが、私たちが、確率論的にぶらされるような出来事や、私が「ジャンケン理論」と呼んでいる生き残りバイアスといったような、偶然の出来事に惑わされて正確な判断ができないでいる状態を説明した本です。統計的に正しい考え方がよくわかります。

第2章のお薦めの参考文献

『ブルー・オーシャン戦略—競争のない世界を創造する』 ★★★
W・チャン・キム＋レネ・モボルニュ著、有賀裕子訳／ランダムハウス講談社／2005年6月／1,995円／294ページ
▶新しい価値の軸はどこから出てくるかということについて、「戦略キャンバス」という発想を使いながら、さまざまなアイデアを提供するものです。事例が多く出ていますので、この本を読めば、新しい着想、発想というのは、どういう考え方をすれば生まれるかがよくわかると思います。

『急に売れ始めるにはワケがある―ネットワーク理論が明らかにする口コミの法則』 ★★★

マルコム・グラッドウェル著、高橋啓訳／ソフトバンク・クリエイティブ／2007年6月／819円／360ページ

▶「The Tipping Point」が原題です。どういうものが閾値を超えて流行りだすのかという法則性を丁寧に導いたものです。一部の目利きに浸透すること、そのストーリーが記憶に粘ること、そして、そのストーリーが流行る環境が整うこと、この3つの条件が整うと、急に物事が浸透するということが書かれています。私が自分の本をブームにできたのも、この本の知識があったからではないかと思います。

『誘惑される意志―人はなぜ自滅的行動をするのか』 ★★★

ジョージ・エインズリー著、山形浩生訳／NTT出版／2006年9月／2,940円／416ページ

▶人間の意志決定が、線形ではなくて、双曲線の形をしているということ、たとえば身近なものについては価値を感じやすいけれども、遠くのものについては割り引いてしまうので、身近なもの、すなわち、たばこやお酒はやめられない、ということを丁寧に説明しています。

第3章のお薦めの参考文献

『天才パズル―頭の体操　あなたはこの“迷宮”から脱出できるか！』 ★

ジェームズ・フィックス著、多湖輝訳／三笠書房／2000年3月／500円／216ページ

『論理パズル「出しっこ問題」傑作選―論理思考のトレーニング』 ★

小野田博一著／講談社／2002年4月／788円／156ページ

『MENSA「天才IQ」検定にチャレンジ！』 ★

ジョセフィン・フルトン著／青春出版社／2002年8月／735円／170ページ

『頭がよくなる論理パズル』 ★

逢沢明著／PHP研究所／2004年6月／580円／201ページ

『史上最強の論理パズル―ポイントを見抜く力を養う60問』 ★

小野田博一著／講談社／2003年11月／788円／151ページ

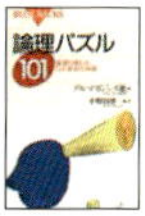

『論理パズル101―推理の楽しさ、ひらめきの快感』 ★

デル・マガジンズ社編、小野田博一編訳／講談社／1993年10月／987円／255ページ

▶いずれも「頭の論理」でわかるようなパズルを並べてみました。たくさん練習をして一見、わからない情報のように見えるものでも、実は法則性を確認したり、MECEに考えたりピラミッドに考えたりするとわかるという感触をぜひつかんでください。

★★★＝特にお薦め　★★＝理解を助けます　★＝その分野に詳しくなれます

『人間この信じやすきもの―迷信・誤信はどうして生まれるか』★★★
トーマス・ギロビッチ著、守一雄十守秀子訳／新曜社／1993年6月／3,045円／356ページ
▶人間がいろいろな迷信やインチキな占い、あるいはまぐれ当たりのようなものを信じてしまうプロセスについて分析した本です。『まぐれ』と併せて、ぜひご一読ください。そうすると、「後づけバイアス」といって、何か物事が起こったときに、後から法則性を見つけて言い訳をしてしまうとか、もともとわからないものなのにわかったふりをしてしまうといった人間の「浅知恵」の全体像がわかるようになると思います。

第4章のお薦めの参考文献

『水平思考の世界―電算機時代のための創造的思考法』★★
エドワード・デボノ著、白井実訳／講談社／1971年10月／絶版／220ページ
▶「ラテラル・シンキング」という言葉を推奨したエドワード・デボノの本がラテラル・シンキングを考える際には一番基本になります。この本は、いま書店ではやや入手しづらいので、図書館等で見ることをお勧めします。

『ポール・スローンのウミガメのスープ―水平思考推理ゲーム』★
ポール・スローン十デス・マクヘール著、クリストファー・ルイス訳／エクスナレッジ／2004年10月／1,365円／176ページ

『ポール・スローンの腕を送る男―ウミガメのスープ（2）』★
ポール・スローン十デス・マクヘール著、大須賀典子訳／エクスナレッジ／2005年10月／1,365円／200ページ

『ポール・スローンの札束を焼く強盗―ウミガメのスープ（3）』★
ポール・スローン十デス・マクヘール著、大須賀典子訳／エクスナレッジ／2006年3月／1,365円／190ページ

『ポール・スローンのウミガメのスープ（4）―借金をふみ倒せ』★
ポール・スローン十デス・マクヘール著、西尾香猫訳／エクスナレッジ／2007年1月／1,365円／174ページ

▶「ウミガメのスープ」シリーズは、ぜひ論理パズルと同じように、水平思考の訓練として解いてみてください。

『イノベーション・シンキング―誰でもすごい発想ができるようになる10のステップ』★
ポール・スローン著、ディスカヴァー・クリエイティブ訳／ディスカヴァー／2007年8月／1,680円／240ページ
▶「前提を疑う」「見方を変える」など、水平思考の10のスキルについて紹介しています。またそれによって、どのように仕事にイノベーションがもたらされたかという例が豊富で、理解が深まります。水平思考パズルや、エクササイズ例も収録されているので、チーム・会社の演習に役立つと思います。

『ブルー・オーシャン戦略―競争のない世界を創造する』 ★★★

W・チャン・キム＋レネ・モボルニュ著、有賀裕子訳／ランダムハウス講談社／2005年6月／1,995円／294ページ

▶第2章にも一度出てきましたが、戦略キャンバスはラテラル・シンキングのときにも使える手法にもなります。

第5章のお薦めの参考文献

『マッキンゼー流 図解の技術』 ★

ジーン・ゼラズニー著、数江良一・菅野誠二・大崎朋子訳／東洋経済新報社／2004年9月／2,310円／289ページ

『マッキンゼー流 図解の技術 ワークブック』 ★

ジーン・ゼラズニー著、数江良一・菅野誠二・大崎朋子訳／東洋経済新報社／2005年8月／1,575円／123ページ

▶『マッキンゼー流図解の技術』およびそのワークブックは、マッキンゼーが雑多な情報を、どのようにしてグラフあるいは図解にし、視覚化しやすくしているかを説明しています。

『アフォーダンス―新しい認知の理論』 ★★

佐々木正人著／岩波書店／1994年5月／1,260円／117ページ

▶「アフォーダンス」とは、私たちが物事を認知するのは、それらが私たちに何ができるのかをアフォードしている（示している）からである、という新しい考え方です。

『あなたもいままでの10倍速く本が読める』 ★★

ポール・R・シーリィ著、神田昌典訳／フォレスト出版／2001年9月／1,365円／260ページ

▶フォトリーディングに関しての翻訳本です。ひととおりの流れが学べます。ただし、フォトリーディングは体操に近いスキルですので、できればフォトリーディングの講習を受けたほうが習得は早いと思います。

フォトリーディング公式サイト　http://www.lskk.jp/photo/index.html

▶フォトリーディングの講習の情報があります。

『ザ・マインドマップ』 ★★

トニー・ブザン＋バリー・ブザン著、神田昌典訳／ダイヤモンド社／2005年11月／2,310円／318ページ

▶マインドマップに関しては、『ザ・マインドマップ』という本が出ています。こちらも、フォトリーディングと同様、講習があります。

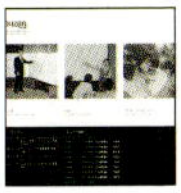

マインドマップ公式サイト　http://www.mindmap.ne.jp/

▶マインドマップの講習やソフトウエアの情報があります。

★★★＝特にお薦め　★★＝理解を助けます　★＝その分野に詳しくなれます

『頭脳の果て』★

ウィン・ウェンガーほか著、田中孝顕訳／きこ書房／2005年7月／1,890円／453ページ

▶イメージストリーミングについては、『頭脳の果て』というウィン・ウェンガーの本に詳しく載っています。これもトレーニングが必要であれば、ジーニアスコードというトレーニングを受けてみてください。

ジーニアスコード　http://www.lskk.jp/geniuscode/index.html

▶ジーニアスコードの講習の情報があります。

ICレコーダー SONY ICD-SX88 ★

▶私は、ICレコーダーを何台か持っていますが、メインではSONY ICD-SX88を使っています。なぜこれにしているかというと、持ちやすいからです。細長くて、持っていて気持ちのいい形になっています。

音声認識ソフト ドラゴンスピーチ2005 ★

▶私は、音声認識ソフトとして、世界で一番シェアの高い「ドラゴンスピーチ」というシリーズを使っています。これだと、ICレコーダーに録音したものをそのまま文章にすることもできますし、また自分がつぶやいた内容をそのまま文章入力することもできます（実は、この原稿もそうやって書いています）。

第6章のお薦めの参考文献

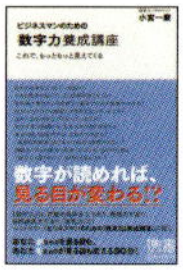

『ビジネスマンのための「数字力」養成講座』★★

小宮一慶著／ディスカヴァー／2008年3月／1,050円／192ページ

▶「SY」（数字読めない）という言葉も生み出した小宮さんの本。数字がなぜ有用で、どういう数字を覚えなければならないかということについて、コンパクトによくまとまっています。

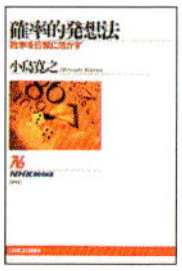

『確率的発想法―数学を日常に活かす』★

小島寛之著／日本放送出版協会／2004年2月／966円／237ページ

▶物事を一義的に考えるのではなく、確率の中でブレを見る、平均値を見る、平均への回帰を見るということについて、わかりやすく説明した本です。

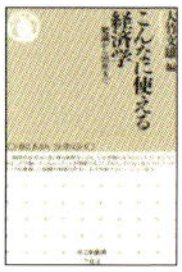

『こんなに使える経済学―肥満から出世まで』★★

大竹文雄編／筑摩書房／2008年1月／714円／205ページ

▶本文でも紹介した借金と肥満の関係も含めて、どうしたら数値的な見方で物事の本質を探れるかということについて説明したコラム集です。

『統計学でリスクと向き合う 新版―数字の読み方に自信はありますか？』★★

宮川公男著／東洋経済新報社／2007年10月／2,100円／258ページ

▶統計学がわかっていると、株式はもとより、たとえばガンの治療でも手術を受けるか受けないかの判断を統計学的に行えるということがわかります。

『統計数字を疑う―なぜ実感とズレるのか？』★

門倉貴史著／光文社／2006年10月／777円／275ページ

▶統計を使って人に説明をする際、バイアスをかけて相手を騙すこともできるということについて丁寧に記しています。

『いつまでもデブと思うなよ』★

岡田斗司夫著／新潮社／2007年8月／735円／223ページ

▶たとえ肥満という状態でも、適切な指標を数字として把握し、コントロールすれば、克服できるということを説明しています。「数字をコントロールする力」という視点で読んでみるとおもしろいと思います。

第7章のお薦めの参考文献

『はじめての言語学』★★

黒田龍之助著／講談社／2004年1月／777円／250ページ

▶言語というものが、そもそもどういうものであって、どんな役割を果たしているのか、そして言語学をこれから考えたい場合には、どういう本を読んでいくべきかについて書かれた、非常に優れた入門書といえます。言語の役割について興味のある方は、ひも解いてみてください。

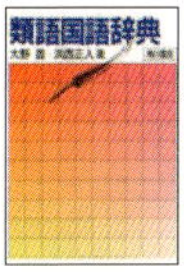

類語辞典（『類語国語辞典』、『日本語大シソーラス』など）★★

▶ある言葉にどういう類語があるのかを調べると発想が広がります。ふだんビジネス文書を書くときに、ぜひ手元に置いておきたいものです。

『ホイラーの法則―ステーキを売るなシズルを売れ！』★★

エルマー・ホイラー著、駒井進訳／ビジネス社／1993年9月／絶版／230ページ

▶私たちは、何をもって人とコミュニケーションをし、感覚的に言葉を再現するのかを説明します。これはマーケティングの本ですが、言語という話に置き換えて読んでみても面白いと思います。

電子辞書（カシオ「XD-GT9300」など）★★

▶私が使っているのはXD-GT9300ですが、それに限らず、類語辞典や大きな国語辞典、英和辞典、百科事典が入っているものを一つ手元に置いておくと、発想が広がります。

『本を読む本』★★

モーティマー・J・アドラー＋C・V・ドーレン著、外山滋比古・槇未知子訳／講談社／1997年10月／945円／265ページ

▶読書の仕方について、基本的な読み方や応用した読み方を解説した本です。フォトリーディングももちろん楽しいですが、いわばその手前の段階の、より基本的な本の読み方について説明しています。

★★★＝特にお薦め　★★＝理解を助けます　★＝その分野に詳しくなれます

第8章のお薦めの参考文献

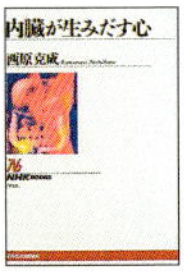

『内臓が生みだす心』 ★★

西原克成著／日本放送出版協会／2002年8月／966円／235ページ

▶私たちの消化や呼吸法が、心や体にどのように影響しているかということをあらわした本です。

『記憶する心臓―ある心臓移植患者の手記』 ★★

クレア・シルヴィア＋ウィリアム・ノヴァック著、飛田野裕子訳／角川書店／1998年6月／絶版／282ページ

▶『内臓が生み出す心』でも参照されている本です。心肺移植を受けた著者の心に、心肺移植のもととなった少年の記憶がどのように移ってしまったかを書いた、渾身のドキュメンタリーです。

「Brain Gym : Simple Activities for Whole Brain Learning(Orange)」 ★

Paul E.Dennison著／Edu-Kinesthetics,Inc／1992年6月／40ページ

▶翻訳されたものがあるといいのですが、ちょっと見当たらなかったので、原書をご紹介します。Edu-Kといわれる体操をどうやって行うかというガイドブックです。「ブレインジム」とカタカナで検索しても、いろいろなホームページで紹介されていますので、そちらを見てもいいと思います。

『共感覚者の驚くべき日常―形を味わう人、色を聴く人』 ★

リチャード・E・シトーウィック著、山下篤子訳／草思社／2002年4月／絶版／334ページ

▶本文中、「共感覚」としてご説明した、本を読んでいるときに頭の中で音楽が鳴る、あるいは数字が音楽に聞こえる、色が聞こえるというような五感が混じり合う状況とは、どのような感覚なのかということを示したものです。

第9章のお薦めの参考文献

『セレンディピティの探求―その活用と重層性思考』 ★

澤泉重一・片井修著／角川学芸出版／2007年12月／1,800円／249ページ

『偶然からモノを見つけだす能力―「セレンディピティ」の活かし方』 ★

澤泉重一著／角川書店／2002年8月／680円／193ページ

▶「セレンディピティ」の本を2冊紹介しておきます。どちらも同じ著者なので、片方でいいと思います。セレンディピティというのがどういう能力で、何から生み出されるもので、どうすれば活用できるかを、もう少し身近に感じてみてください。

※ここに書いた本はあくまでも参考ですので、すべてを読む必要はないと思います。
それぞれの章において、より詳しく知りたいと思うところがありましたら、
このような参考文献を読んで、より深い知識を得ていただければ幸いです。